JEAN PIERRE MAKOSSO

Rien

Éditions
DÉDICACES

Ce livre fut professionnellement composé sur Reedsy.

En savoir plus sur reedsy.com.

First edition

ISBN: 978-1-77076-770-6

This book was professionally typeset on Reedsy.
Find out more at reedsy.com

Un jour on se réveille un matin et on comprend qu'on a plus de passé que d'avenir alors on va fouiller dans ce passé pour s'assurer qu'on n'a rien laissé au hasard.

MUAN MÂ M'KAYI

À ma fille Amanda
À l'enfance et à la jeunesse
Aux migrants que nous sommes
Et à moi-même[1]

---

[1] Ce *Rien* de livre a failli ne pas voir le jour à cause d'un grave accident de voiture qui a failli m'emporter le 08-août-2018. Mine de rien, tout comme moi, il a survécu.

Avec la haine des hommes ils créent la guerre
Avec leur colère ils détruisent la terre
Mais sois reconnaissant la guerre est finie
La terre se remplit
Bientôt tu n'auras plus rien à craindre
Bientôt tu n'auras plus à te plaindre
Ce qui s'est passé est une triste histoire
Efface-la de ta mémoire

Muän Mâ M'kayi in Le Monde est Un Champ de Proverbes

Introduction

Persécuté, je cours toujours. On me poursuit sans cesse. Je m'enfuis :
de village en village, de ville en ville, de pays en pays, de continent en
continent, d'un monde à un autre... mon...mon dieu, il n'y a qu'un seul
monde, si on ne peut le sauver, où donc fuirai-je alors ? Tant pis, je me
jetterai dans la mer. Noyade assurée vaut mieux que fusillade en vue.
(L'enfant, in La Voix du Conteur, aux Éditions Dédicaces)

Que se passe-t-il là-bas en Afrique ? Eh bien ! Je vais vous le dire.
Rien. Il ne se passe rien. Absolument rien. Car s'il se passait
quelque chose, les gens réagiraient. Ils ne sont pas insensibles les
Africains, ah ça, vous pouvez me croire. S'il se passait quelque
chose, l'homme de pouvoir se lèverait, prendrait le micro et
tonnerait à la radio. Il aurait tout intérêt à montrer aux autres
nations qu'il est bien là, majestueux et capable de maintenir de
l'ordre dans son fief tout en respectant le désordre. Il vociférerait
alors :

\- Afrique, Africaines, Africains, cette nuit quelqu'un a attenté
à ma vie. Je décrète un couvre-feu jusqu'à ce qu'on arrête ces
semeurs de trouble.

Et il y aurait un couvre-feu sur toute l'étendue du territoire
jusqu'à nouvel ordre. Voyez-vous, il ne se passe rien là-bas car
s'il se passait vraiment quelque chose, l'opposant au pouvoir irait
pleurnicher sur toutes les chaînes de télévisions mondiales que sa
vie serait en danger, qu'il aurait vu des soldats du gouvernement

rôder autour de sa maison, et il soulèverait une partie de la jeunesse à qui il distribuerait armes et munitions pour une guerre sanglante et tribale. Il ne se passe rien croyez-moi, là-bas rien ne manque. Enfin peut-être l'éducation, l'électricité, l'eau potable, les routes, mais ça, les Africains semblent bien s'en passer alors tout baigne. Tant que la paix de l'homme au pouvoir et de son opposant, n'est pas dérangée, tout va bien. L'homme au pouvoir et l'opposant du pouvoir sont les bébés du continent. Il faut veiller sur leur santé et surtout sur leur sommeil. Il y a des endroits dans ce monde, même quand le chat miaule, les voisins appellent les services d'urgence, le curé et le médecin arrivent au même moment pour prier et soigner. En Afrique, non, le bébé toussote, les chars de l'homme du pouvoir, son avion et les voitures blindées de son opposant se mettent en action car nos seigneurs sont contrariés par ces toussotements du bébé. On rase sans état d'âme tout un quartier. Et aussitôt que l'avion décolle, on bombarde sur le bébé qui n'a pourtant, rien fait, et qui ne demande qu'à vivre et à découvrir le monde. Son tort est juste une action face à un besoin physiologique : pleurer, exprimer un besoin naturel, réclamer un dû. On est arrivé à brûler son père, sa case, on a violé sa mère, ses sœurs, mutilé ses frères devant lui et il pleure. Ses pleurs sont un cri de détresse, un appel au secours mais qui peut l'entendre, personne ne le voit… comme il ne se passe presque rien…en tout cas rien du tout. Tant que la sieste de l'homme au pouvoir

et de son opposant n'est pas dérangée, tout va bien comme dans le meilleur des mondes.

(Que se passe-t-il là-bas en Afrique in La Voix du Conteur, aux Éditions dédicaces)

v

Préface

Rien : est-ce l'annonce d'un ouvrage particulièrement vide ? Bien au contraire, il est rempli de constatations, souvent ironiques, parfois amères, concernant la défense et l'illustration du contexte sévissant au Congo, pays d'origine de l'auteur, et concernant notamment la situation politique, sociale et même l'histoire du pays, vue sous son aspect colonial et même post-colonialiste.

C'est d'abord sur le mot *rien* que s'attarde la plume de l'auteur, tout en jouant avec ses diverses implications et significations, allant jusqu'à créer le néologisme *rienutile* qui revient comme un refrain dans l'ensemble des textes. Un premier exemple donne le ton de départ de l'ouvrage :

« *Mine de rien, tout ça n'a rien à voir, qu'il n'y ait plus rien à lire, plus rien à écrire, plus rien à apprendre ni à connaître, rien à voir ou à entendre, rien à être, rien à avoir, ce n'est rien du tout, rien à faire, rien de rien, rien pour rien, rien avec rien, rien sans rien, rien n'existe, « rien » existe et rien lui-même n'existe pas.* »

Mais, par la suite, ce ton ironique, voire primesautier, prend des accents plus dramatiques, du fait des grandes alarmes qui peuvent résonner dans ce pays d'Afrique :

« Arrêtez de bombarder notre village, arrêtez de soutenir les opposants, les dictateurs et leurs partis politiques car vous le faites, non pas dans le but de nous aider mais pour votre propre intérêt, alors arrêtez ! »

vi

C'est ainsi qu'un contexte politique et social finit par s'imposer dans la suite de l'ouvrage, au fur et à mesure que la plume de l'auteur s'agite, évolue, virevolte et finit par se trouver prise dans une sorte d'ouragan à la fois littéraire et satirique, du fait des sujets qu'elle aborde. L'ensemble demeure cependant dans un contexte poétique. En effet, c'est avec une suite de poèmes en prose que l'auteur sait adopter successivement divers tons et rendre ses illustrations plus vivantes, jusqu'à atteindre un paroxysme dramatique dans la satire.

Jean Pierre Makosso n'a jamais fini de nous surprendre, du fait de son talent apte à faire partager au lecteur toutes les émotions, les révoltes, les critiques, les cris du cœur qui animent sa pensée.

Un recueil où transparaît ainsi toute une vie en même temps que toute une souffrance : il ne peut laisser indifférent. Laissez-vous, comme moi, emporter par cette fièvre littéraire et satirique : vous en sortirez plus instruit, plus libre, plus apte à comprendre les tourments qui peuvent agiter tout un peuple.

Thierry Rollet

Je n'ai jamais chanté politique, seulement la vérité.

MYRIAM MAKEBA (1932-2008) chanteuse de nationalité sud-africaine, naturalisée Guinéenne, puis Algérienne, puis citoyenne d'honneur française en 1990.

Qui vivra
Verra le Congo
À cheval sur le Congo
Ou flottant parmi les jacinthes d'eau
TCHICAYA U TAM'SI, écrivain congolais, (25 août 1931-22 avril 1988)

La poésie engagée ne doit pas emprunter le ton de la harangue ; autrement dit, elle ne doit pas uniquement créer l'action mais la susciter subtilement chez le lecteur. Il importe qu'elle soit plus engageante qu'engagée.

JEAN-BAPTISTE TATI-LOUTARD, écrivain congolais, (15 décembre 1938-4 juillet 2009)

I

LECTURE I

Sur les plages on rencontre du monde :
Y en a ceux qui tournent en rond
Y en a ceux qui font des bonds
Et y en a ceux qui font le monde ;
Qu'on crève
Ou qu'on vive
Qu'on écrive
Ou qu'on rêve
Qu'on dise
Ou qu'on lise
Qu'on chante
Ou qu'on danse
La terre tourne
Et Nous... On raconte !

(Muän Mâ M'kayi)

Rien que de la politique

R ien...me mène toujours quelque part, même si, pris comme ça, dans le tas, ça ne veut rien dire, ça n'explique rien, ça ne veut rien comprendre, mine de rien tout ça n'a rien à voir, qu'il n'y est plus rien à lire, plus rien à écrire, plus rien à apprendre ni à connaître, rien à voir ou à entendre, rien à défendre, rien à posséder, rien à être, rien à avoir, ce n'est rien du tout, rien à faire, rien de rien, rien pour rien, rien avec rien, rien sans rien, rien n'existe, « rien » existe et rien lui-même, n'existe pas, on s'en rend compte, on ne s'en rend pas compte, on délire, on se veut utile, on est inutile, on est...rien...on est tout ou rien, on est rien du tout qu'importe, qu'on ait nulle part où aller parce que partout ça brûle, que faire, rien d'autre, sinon plonger dans la mer, il faut sauver la planète, plus de temps à perdre il faut le faire vite et vite, tout ça se résume à...*en attendant allons visiter Lune et Mars...* Rien. Plus rien à faire. Rien que de la politique tout ça. Rien ne rime à rien. Un gros rien, un zéro, un veau qui ne vaut rien, donc un vaurien. Un *riennutile* comme dirait un papa que je connais. Un rien et un inutile, voilà. On se trompe.

Et puis, d'ailleurs, depuis les indépendances, qu'est ce qui est arrivé au Congo sinon rien, et pourtant il survit avec moins que rien... alors... tout baigne avec ou sans rien !

Rien qu'un bon à rien

Un jour sur la plage un homme m'a dit :
« Bouge-toi, tu ne fais rien, tu ne dis rien, tu ne vois rien, tu n'écoutes rien, tu n'es qu'un bon à rien et tu n'attends rien ! »

Sans s'en rendre compte, il m'a beaucoup aidé. Il a reconnu lui, que j'étais bon à quelque chose, c'est à dire : à rien. Depuis ce jour, je cherche à être bon : à rien car tout vient de rien. Tout est rien mais rien n'est tout. Rien, mène à tout. Rien, est…bon et il faut savoir le trouver, ce petit…*bon à rien*… que chacun de nous possède sinon tout est vain, pure vanité, rien n'est parfait…Alors, il faut vraiment le trouver ce mignon *bon à rien*, dès qu'on l'a, tout est bien. Rien n'est facile sur cette planète mais du rien vient le bien. Le bien est mieux que rien. Le déclencheur du moindre bien est un moins que rien ; et du moins que rien, surgit le plus grand bien. Un claquement de doigts de rien du tout apporte une cadence, une musique et des cris de joie. Un rien d'amour chante les plus belles chansons. Un rien de paix prononce les plus beaux discours. Un petit pas nous entraîne vers une danse à la fois virile et divine. Un simple geste suffit pour nous faire faire de grands cercles, de grands sauts, de grands bonds… Une petite grimace nous fait éclater de rire. Un seul mot, dit avec foi, soulève nos montagnes. Un rien, nous lie, de l'utile à l'agréable. Que dire de plus sinon rien car tout a heureusement déjà été dit et rien n'a encore malheureusement été fait ! Mais ce n'est rien, tiens, tout vient à point à qui sait attendre…

Rien qu'un bébé

Un homme a crié à travers la ville :
- Ne le laissez pas passer, ce n'est qu'un moins que rien, un bon à rien, un bon veau de moins !
Il a voulu m'écarter de la société alors que je n'étais encore qu'un enfant - pas un enfant : un bébé ; j'avais à peine commencé à grandir, et je n'avais pas fini, je grandissais tranquillement, je n'avais pas encore atteint son âge. Il a voulu me loger une balle dans la tête, il avait tout : l'arme, la balle, plusieurs années et moi, rien, il était mauvais à rien et moi bon à rien, il était plus que rien et moi moins que rien, je me cherchais encore, je ne marchais même pas à quatre pattes, je rampais comme un serpent...à plat ventre. Je tournais en rond en faisant des cercles sur le sable. À plat ventre ou à plat dos mains et pieds suspendus en l'air. Il a dit que je ne valais rien et que, s'il me vendait au marché aux puces, il ne récolterait rien du tout... pas un sou, il a dit que je n'étais même pas de ce pays-là et que s'il me laissait raide mort sur la plage, personne ne se soucierait de moi, je n'étais qu'un veau de plus qu'on poussait à l'abattoir. Il a voulu m'écarter de la société en faisant de moi son esclave alors que je cherchais encore ma voie le chemin ; ma voix le son ; ma langue mon organe et enfin une langue pour communiquer. Je tournais à la ronde, je faisais des beaux petits trous sur le sable fin de la plage. Dire que je n'avais rien serait un mensonge. J'avais ma vue qui apercevait...mon

6

ouïe qui entendait...mon toucher qui caressait...mon goût qui dégustait...mon odorat qui reniflait...Tout. AUTRE CHOSE... certes moi-même, je n'étais rien...à ses yeux bien sûr mais voyons, était-ce une raison pour m'exclure de la société ? Quel monde ! N'a-t-on pas besoin de toutes les pièces pour monter le casse-tête de la planète ? Chaque pièce, quelle que soit sa forme, ne vaut-elle pas grand-chose ? Chaque pièce représente bien quelque chose, chaque pièce n'est pas rien, j'ai mon ouïe, ma vue, mon odorat, mon toucher, mon goût qui bientôt, entreront dans l'action. Alors, d'un rien je pourrai devenir tout, moi aussi. D'un rien de mot on en fait un film : action... et ça tourne ! Alors, d'un rien je tournerai bien un jour moi aussi...pas en rond...à l'écran et au vu de tous...sous l'œil du monde. D'un *rienutile* on peut aussi passer à un *bienutile*, non ?

Rien qu'un ange

Il y a quelque chose à l'horizon. Derrière la montagne, une étoile est peut-être tombée. Un ange peut-être est descendu. Il m'attend. Un ange voit toujours quelque chose de beau sur une personne qui n'a rien et qui n'est rien. Il voit le génie d'un bébé. L'humain appelle cela le talent.

Il est mignon cet ange ! Comme un papillon il voltige, se pose sur l'endroit le plus propre, le plus pur. Tout doux. Tout nu. Un bébé à poings fermés, aux pieds gesticulants, comme un ver de terre qui a trop chaud. Il n'a rien lui aussi. Il n'a ni la trompe d'un éléphant ni le cou d'une girafe, ni les dents de lion, ni la gueule de l'hyène. Il ne fait ni peur ni mal, il est trop bébé et trop papillon, cet ange, pour faire le moindre petit mal à qui que ce soit. Mignon. De sa bouche ne sort que de la tendresse. Rien que de la tendresse et une certaine grâce, oh ! quelle grâce ! Et il y a la vérité au bout de sa langue ; dans son regard aussi. Son souffle respire l'honnêteté. Il n'a rien. Il n'a qu'une âme. Une belle âme. Il reconnaît le génie qu'il y a en chacun de nous. Derrière la montagne il prophétise :

« Tu seras Mandela, tu seras Sankara, tu seras Martin Luther King, tu seras kwamé krumah, tu seras Myriam Makeba, tu seras Cheick Anta Diop, tu seras Mère Thérésa, Amical kabral, tu seras, tu

seras Coltrane...Miles Davis...Kofi Annan...Patrice Lumumba...Marie-Thérèse Makaya... » Le génie qui est en moi est la fleur sur laquelle il se pose pour me faire épanouir.

Rien qu'un naufragé

Si tu n'as pas étudié, voyage, c'est ton droit
Et quiconque te barre la route, est un hors-la-loi.

C hassé des terres, sauvé des mers j'ai échoué sur la plage tôt ce matin-là. Je suis parti de loin pour arriver ici. L'homme m'a vu et m'a donné un nom : il m'a appelé : *pauvre migrant* ! alors que je n'étais qu'un enfant, je marchais à peine à quatre pattes. Une fois encore, à ses yeux je n'étais pas un môme mais un pauvre naufragé. Je venais de très loin et je n'avais rien ou plutôt si : un ventre vide. Je n'étais rien et j'avais faim. Seul sur la plage, je traînais le pas - que dis-je : mes pattes, pas le pas que je n'avais pas encore ! - mes pattes, à la recherche d'une fine sardine sèche pour calmer mon estomac qui bouillonnait sans raison ; ce n'était pas ma faute s'il n'avait rien pour calmer sa douleur, il n'y avait rien sur la plage, ce n'est pas moi qui avais pollué l'eau de mer. Je traînais encore à même le sol comme un escargot, j'allais quelque part sans savoir ni ma destination ni comment y arriver. J'étais prêt à suivre le crabe dans sa boue et lui en demander une mince bouchée. J'avais faim mais il n'y avait pas un moindre crabe sur la plage et la boue était dure comme fer. J'avais soif : l'eau de mer m'avait déshydraté, j'étais très affaibli. J'avais froid : la température de la plage m'avait glacé. Et puis, plus loin, j'entendais le son assourdissant des bombes accompagné du chant larmoyant des enfants.

Rien qu'un geste et un sourire de Marie-Thérèse Makaya

L'Aquarius[2] a un cœur d'ange, un cœur d'or. Je l'adore. Il est venu et a fait un geste que l'homme que j'ai rencontré au pays d'où je viens pouvait faire mais n'a pas fait : un petit geste de rien du tout, qui ne lui coûtait absolument rien. Il s'est abaissé pendant que je me noyais et m'a pris dans ses bras. Du loin d'où je viens, l'homme m'aurait donné un coup de pied. Il n'aurait pas pris la peine de se baisser. L'Aquarius m'a enroulé dans une couverture bien chaude, m'a couvert de baisers - l'homme ne m'avait jamais regardé ! Aquarius, oui, il m'a vu, son regard a pénétré le mien, pour la première fois j'ai découvert un sourire, il était très mignon dans son sourire de Marie-Thérèse, il a dit très doucement : « viens », ses lèvres effleuraient à peine le mot, comme s'il le caressait pour ne pas le laisser s'échapper de lui - « viens » tout en me rapprochant de lui, près de ce mot, en me serrant contre sa poitrine et en me faisant écouter le battement de son cœur. « *Viens* » c'est de là d'où provenait le mot... de son cœur, je m'en rendis compte, quel humanisme ! Il m'offrit une goutte d'eau et une tranche de banane. Ce fut pour moi un moment précieux. Un geste que l'homme de chez moi, qui

---

[2] Navire humanitaire affrété par les ONG SOS Méditerranée et Médecins sans frontières (MSF) pour secourir les migrants au large des eaux internationales.

se prend toujours au sérieux, n'aurait jamais fait : me donner à moi un souffle de vie. Bien au contraire, il l'aurait arraché, ce souffle qui vit en moi oui il me l'aurait arraché, ce rien de vie, ce brin d'espoir mais le bel Aquarius, non...Je ne parlais pas sa langue alors je lui dis merci dans la mienne. Il comprit car *merci* et *maman* sont deux mots qui se comprennent partout. Je voulus lui dire autre chose mais je n'avais pas son vocabulaire. Cela ne me coûtait rien d'apprendre sa langue depuis chez moi car sa langue est bien installée chez moi, non cela ne me coûtait rien du tout, juste le temps et j'avais le temps, je l'ai encore, même si je n'avais pas d'âge et tout ce qu'on peut avoir...Je n'avais rien certes mais j'avais tout le temps, je n'avais pas un stylo, une ardoise, un livre, une craie, un cahier, je n'avais rien, tout cela ne me coûtait rien du lointain d'où je viens : il y a tout là-bas mais l'homme qui tient les rennes du pouvoir a échangé mon futur par des armes alors je ne reçois que des coups de feu, je n'ai plus rien d'autre que des coups de feu. Et là bas, l'homme du pouvoir et l'opposant au pouvoir se battent sans arrêt en incitant tout le monde à suivre leur folie. Quelle vie de fous ! Silence ! Entendez-vous le son assourdissant des bombes... et ce chant larmoyant des mômes !

Marie-Thérèse Makaya: Conteuse de Yanga née le 01-11-1936, morte le 01-11-2011, et qui a partagé son sourire, sa nourriture et ses contes à tous les enfants de sa communauté.

Rien que des lettres

J'étais sur la plage, je formais des lettres sur du sable. Des lettres que j'ai vues sur des avions : *France Force, United state army...* et j'ai su que les deux hommes de l'avion venaient renforcer l'homme du pouvoir et inciter l'opposant au pouvoir à renverser l'homme du pouvoir pour qu'il commette lui aussi les mêmes crimes à son tour. La chasse était ouverte et la poursuite des habitants allait commencer d'un moment à l'autre. J'ai su que le peuple allait fuir comme des animaux pourchassés par un feu de brousse causé par ces deux braconniers... disons ces quatre braconniers. Du lointain me parvient déjà la menace d'une bombe nucléaire.

Rien qu'un dessin

J'étais donc sur la plage, je dessinais les avions que j'avais vu la veille. Du silence j'ai entendu des bombardements, la musique endiablée des armes à feu. Et les petits pas des enfants qui couraient. Nombreux ont fui, nombreux sont tombés, nombreux ont mis les pirogues sur le fleuve qui lui-même fuyait pour aller se jeter dans la mer. De loin, j'ai vu leurs embarcations être renversées par la vague énorme. Chacun a cherché un coin dans la mer pour se réfugier. Sans âme sans esprit. Paniqués. Je ne peux te décrire toute la scène avec les mots de ta langue : je ne la maîtrise pas bien. Pourquoi n'apprends-tu pas ma langue, dis, je t'expliquerais mieux. Je ne peux te dire combien de vies sont restées sous l'eau, je ne sais ni lire ni écrire ni compter. Ce n'est pas ma faute ; je n'avais rien pour m'acheter un crayon et une gomme afin d'effacer toutes les injustices et écrire enfin la justice : pas celle de Dieu, de l'homme au pouvoir et de son opposant, non... mais celle de l'enfant seul et nu, assis sur du sable sur la plage, qui n'a rien d'autre que sa voix et qui parlerait pour tous ces enfants assis seuls et nus sur la plage et qui n'ont plus rien d'autre que leurs ventres vides. L'homme qui avait la richesse du pays a tout dépensé pour s'acheter la guerre. Au fait pourquoi n'apprends-tu pas ma langue, toi ? Comme ça je te dirai : « *Viens, viens voir ce qui se passe là-bas dans mon lointain, viens donner une goutte d'eau et une tranche de banane à tous ceux qui comme moi n'ont pas encore l'âge et qui ne peuvent aller loin et qui veulent bien eux aussi réveiller ce brin de rien qui sommeille encore dans leurs têtes. Ce que tu donnes à l'homme au pouvoir et à cet opposant malin en échange de la richesse de notre sol n'arrive pas au petit innocent solitaire qui voit le soleil se lever chaque matin, qui le voit se coucher chaque soir et qui veille toute la nuit pour s'assurer qu'il est bien là, son soleil, que l'homme au pouvoir et son opposant ne l'ont pas encore vendu. Que ferais-je sans mon soleil ? C'est lui qui m'aide à m'évader, à aller loin, de son lever à son coucher, je suis son parcours, nous prenons ensemble le même chemin, notre routine, un destin commun, il ne se passe rien, mais ensemble nous voyons tant de choses que ceux qui roulent sans s'arrêter ne voient pas... »*

Rien qu'une improvisation

P our partir loin, il faut partir de rien, ne rien ignorer, savoir d'où l'on vient et surtout avoir l'art d'improviser : partir d'un mot, d'une pensée, et le temps aidant, former des suffixes et des préfixes qui se suffisent pour formuler un souhait, honorer un vœu, tenir une promesse, accomplir une prouesse, devenir un héros.

Partir d'un rien, avec pour toute fortune une goutte d'eau et une tranchée de banane crée une immense liberté d'exploration. J'ai suivi la vague pour arriver jusqu'ici. Les autres n'ont pas pu réveiller ce petit rien qui sommeille en chacun de nous. On ne leur a pas laissé le temps. Et puis nombreux sont tombés dans la mer. Pourquoi n'y vas-tu pas là-bas, toi ? Cela ne te coûterait rien, tu verras, et même si ça te coûtait quoi que ce soit, crois-moi, ça vaut le coût d'y aller, ton voyage loin d'ici ne serait pas vain, c'est un très bon petit coin loin d'ici, tu verras. Ils sont très mignons, ces bambins de ce beau lointain d'où je viens ! Tu seras leur héros car ils n'en ont pas, ils n'ont pas encore trouvé un modèle à suivre, ils suivent pour l'instant leurs propres silhouettes. Devant eux, il n'y a pas un leader à part ces hommes de pouvoir et leurs opposants qui ne sont rien qu'un mauvais exemple, une mauvaise influence et surtout qui représentent pour eux un réel danger.

Rien que de la poussière

Parti de loin, je me retrouve loin de là, mine de rien m'y voilà... ici... Je n'oublie pas d'où je viens, je me forme autour de mon âme, elle seule était quelque chose avant ma naissance, je n'étais rien, un grain de sable...poussière... je ne suis rien, ce rien, est l'être qui m'y conduit vers un brin d'espoir, vers un grain de beauté. Un rien m'emmène à la communion. À la perfection. Tiens ! Peut-être que je ne suis encore rien qu'une âme et que je ne suis pas encore là. Qui sait, peut-être que je suis encore ici...ou là-bas...ou encore mieux je suis ici avec toi et là-bas avec les autres...ces autres qui ne sont que toi...et moi... nous. Et ensemble nous regardons le même ciel qui nous a vu naître. Loin des nôtres certes mais proche de nos ancêtres.

Rien qu'une âme

L à-bas, au commencement il n'y avait rien... Qui parle ainsi : l'âme ! Ou...rien... L'âme de qui. Du néant, de l'abîme, du vide. L'âme de rien. Mine de rien, tout vient de rien. Et pour pousser un rien soit peu le torchon, évitons de le pousser trop loin : tout est rien, c'est entendu. Tout tourne autour de rien, c'est vu. Tout part de rien, c'est connu. C'est un rien qui me pousse toujours à aller loin.

« Je serai Chateaubriand ou rien !

Hugo ou zéro ! »

Et comme je n'aimerais pas être rien ou zéro alors je serai chateaubriand ou Hugo.

Partir de rien à Chateaubriand, de zéro à Hugo, de la baraque noire à la maison blanche, de la luxure à l'Élisée, du fou au philosophe, du charpentier au ministre de l'éducation, de la ménagère à l'écrivain, de mes origines à l'humanisme, de ma langue tribale à une langue universelle, naître chenille et voler comme un papillon, quelle grande âme !

Être loin et vivre un rien de paix c'est souffler et être en possession d'un instant de bonheur, sans oublier d'où l'on vient, là où d'autres enfants attendent à leur tour ce bref moment qui leur apporterait un rien de bonheur - qui n'est pas que rien car, à cette seconde, à cette seconde seulement, juste pendant ce bref instant, eh bien, toute œuvre est parfaite.

19

Rien qu'une légende

Une légende de *Marie-Thérèse Makaya* raconte que lorsque l'esprit divin sortit son monde de l'intérieur du vide et qu'il le plaça devant lui, il vit que son monde était beau, alors il vit que tout cela était bon et à cet instant-là, il fit élever sa voix, disant :

« *Voilà mon heure, j'ai fait sortir ce qui est bon, juste à la bonne heure et cette bonne heure me comble de joie et me fait vivre un grand bonheur. Quel honneur ! Du rien je fais sortir un produit fini et parfait. Je contemple à présent ce bon qui sort de mon rien et je ne peux être que satisfait. Maintenant vas, vis et jouis, sois heureux, toi qui me combles de bonheur ce jour.* » Alors, son produit fini et parfait se réveilla, se leva et s'en alla.

Rien qu'un brin de rien

À quatre pattes sur la plage – car je n'avais pas encore l'âge de m'asseoir- à quatre pattes donc sur la plage, je le vis partir. C'était là-bas, au commencement, il n'était encore rien et surtout il n'avait encore rien, mais il y allait quand même, nu comme un ver de terre, cet humain, un rien d'homme qui ne possédait rien du tout que lui-même, un brin de rien sans langue et culture, un rien d'animal, on ne saurait le définir : singe, gorille ou dinosaure longtemps disparu, nu comme un ver de terre dis-je, sur sa plage qu'il quittait sans regret... sans se retourner, il ne laissait rien derrière, rien qu'une trace de son pas, vite effacée par une vague, donc absolument rien après son passage, il s'en allait droit devant lui, à quatre pattes lui aussi, un rien d'espèce qui se construisait, qui évoluait, qui s'imprégnait, se développait, s'apprivoisait, s'adaptait, s'acceptait, s'intégrait, qui partait d'un rien sans un nom, son guide : un brin d'espoir, sa force : un grain de foi. Il y allait tout lentement embrasser une culture universelle, une transition du rien au bien, sans se presser, une chenille qui roulait, puis s'enroulait dans la poussière de sable, la poussière formait un tourbillon et s'élevait, tournait en rond, formant une ronde, de la ronde sortait un beau papillon qui zigzaguait puis volait tout alentour, ensuite s'envolait loin, vers des horizons inconnus... À explorer... À la recherche de son identité...d'une civilisation, tout ça en un rien de temps... Il allait vers ce rien au lointain, comme un chercheur de lumière il allait vers un rien de clarté… Il n'allait admirer ni clair de lune ni coucher de soleil, il ne connaissait ni neige ni grêle, il allait vers l'être et l'avoir… En un laps de temps… Il allait à la découverte d'un monde et d'un nom… D'une nation… Un migrant lui aussi… Moi aussi… Toi aussi… Nous ne sommes tous que des migrants sortis de rien, venant de loin et allant tous vers un rien de lumière. N'oublions pas que les autres, les nôtres, ont été broyé par la haute vague, pendant que les bombes retentissaient là-bas, de l'autre côté là-bas, au lointain là-bas, où l'on entend encore quelques pleurs de certains enfants. Là-bas ! Silence ! Les entendez-vous…les entendez-vous, ces pleurs d'enfants ? Silence ! On les entend bien d'ici, n'est-ce pas ? Quelle triste chanson !

Rien qu'un lien qui m'unit aux miens

L oin d'où l'on vient, on n'oublie pas le rien de la solitude qui est le lien qui nous unit au bien de la solidarité humaine. Quand on n'est rien, on est seul, face à un mur épais qui nous tient loin de l'amour, de l'amitié, un mur qui nous empêche de voir l'autre et nous interdit de lui serrer la main ; une main amicale tendue qui attend chaleureusement de l'autre côté du mur. Un mur qui n'est rien d'autre que le contraire de tout ce qui est bien et qui cache une violence inouïe. Sans âme, sans cœur, il voit tomber devant lui des mains désespérées qui tentent de passer de l'autre côté, représentant pour elles le seul endroit où elles espèrent changer leur vie du *rienutile* au *bienutile* comme dirait mon père.

Là où elles seraient enfin libres de lier l'utile à l'agréable.

Rien qu'un souffle de vie qui me tient éveillé

J e suis né aujourd'hui sur cette plage, ma mère aussi, ma grand-mère aussi a foulé le sable de cette plage. Ce sable a vu tous ceux qui sont nés bien des années auparavant et qui aujourd'hui sont devenus mes ancêtres : *Bouangue bu Tchitembu, Tchissimbu tchi M'kayi, Mâ M'kayi, Tâ M'kossu, Muvungu, Foutou, Nbongu et ses deux enfants - Guélor et Feudor, son garçon et sa fille qui sont restés sur le sable de la mer : à plat ventre et à plat dos, qui n'ont pas atteint les quatre pattes, qui n'ont eu ni jambes ni bras ni mains ni pieds, et qui n'ont pas eu le temps de mûrir comme le soleil* - leurs cordons ombilicaux sont enfouis quelque part : y a qu'à bien chercher, vous les verrez. J'ai vu ce qui s'est passé hier. Que de bonnes choses ont été dites le jour de ma naissance, ce premier novembre! Il y a dix ans encore, que de grandes promesses ont été faites! L'homme de pouvoir a promis de boucher les trous, de purifier l'air... Aujourd'hui je tombe, je respire mal, rien n'a été fait. Son opposant aussi a promis la même chose mais aucune promesse n'a été tenue, je suis toujours sur la plage...à quatre pattes. Y serai-je encore demain ? Je ne le sais...et même le peuple ne sait rien. L'homme de pouvoir, oui, il le sait, il veut me voir toujours marcher à quatre pattes, il veut qu'il y ait toujours, quelqu'un, qui ne signifie absolument rien à ses yeux, quelqu'un, à qui il peut dire : « *toi, tu n'es rien...vas là-bas !* » Il veut toujours avoir à ses côtés quelqu'un qui doit recevoir un coup de feu car il faut bien se servir de ces armes qui lui coûtent une fortune, oui et il faut les utiliser contre ceux qui n'ont rien d'autre que leur souffle de vie.

Du rien au bien ou du rien au mal ?

Dire de bonnes choses et reconnaître nos bonnes actions nous honore. Ne rien dire, ne rien reconnaître, quel déshonneur humain ! Un rien inaugural.

À qui le tour ?

À L'homme du pouvoir, à l'opposant au pouvoir ou à la jeunesse montante ?

Le rôle est à la jeunesse qui saura creuser sous les profondeurs de ses origines. Elle partira... de rien, j'en suis sûr, deviendra historienne ça c'est certain, et respectera son patrimoine culturel. Elle aura une connaissance, pas pour faire intellectuel mais pour enrichir sa sagesse. Elle apprendra mieux l'amour, le vrai, cet amour que pratiquent ceux qui s'aiment les uns les autres, puis l'autre amour qui n'est juste qu'un élan innocent qu'ont les adolescents de se jeter dans les bras sans savoir qu'ils vont vers l'inconnu pour enfin sombrer dans l'oubli, puis l'autre amour qui est celui de donner sa joue gauche et sa joue droite, cet amour qui mène droit et haut à la crucifixion... Puis enfin l'autre, le dernier amour qui n'est rien qu'un grand désir de se marier puis plus rien, car après c'est la joie de la lune de miel puis plus rien, sinon l'empressement d'avoir un premier enfant, et un deuxième, la hâte de former une famille puis plus rien, sinon le plaisir de les voir grandir et la joie de vivre leur bonheur... Pire encore: plus rien, sinon jouer le meilleur rôle des grands-parents et vivre du

doux sourire des petits-enfants et là... on donne un bon coup
à l'histoire, les rideaux tombent, les lumières s'éteignent. Rien.
Un cou de balai. Une brindille exhibe la danse du feu et s'éclate.
Le soleil se couche sans éclat. Il ne s'éteint pas. Il vieillit: sans
rides, un rien ancestral, doux soleil ! Et la jeunesse qui vient
de rien, sortie de l'abîme, formée d'une goutte d'eau et de lait
va à la découverte d'un soleil récent, biologique, puis un rien
l'élève vers la lune, rencontre une étoile, les cartes changent de
magicien, en un clin d'œil, un rien d'étincelle et soudain l'étoile
scintille puis deux puis trois quatre cinq et des milliers d'étoiles
comme des lucioles sous une nuit noire rentrent dans le rôle du
scintillement et jouent comme la première étoile le même rôle:
du noir à la lumière... du rien au bien, du bébé à l'adulte puis...
que se passe-t-il après... après ce « grain de rien » pur et innocent,
que devient-on ? Comment s'opère-t-elle, cette magie !

Un rien de scolarité

*Quand une femme pleure, c'est comme si le soleil se voilait
la face.*
— *Massa Makan Diabaté, écrivain malien (1938-1988)*

J'étais sur la plage, je veux dire non loin de là, puisque j'avais
marché un rien de bout pour arriver là où j'étais, non loin
de la plage et devant moi il y avait une école où les enfants
venaient apprendre à lire et à écrire et j'y allais moi aussi ce jour-là
pour apprendre à compter comme les autres. Il y a trop d'avions
dans l'air, alors, il faut les compter pour savoir combien d'avions
polluent notre air chaque jour. Ce n'était pas une bonne journée
parce que ce matin-là, non loin de là, une Maman levait ses yeux,
ses deux mains au ciel, et pleurait son enfant, que l'homme venait
d'abattre comme un veau au milieu de la rue. L'homme avait tout
et rien à la fois : le pouvoir, l'argent, l'arme mais aucune âme
aucune conscience et rien dans le cœur. Son crâne, un tonneau
vide. L'enfant qu'il venait d'abattre avait une conscience, une
âme et plein d'amour dans son cœur qu'il voulait distribuer à
tout le monde, même à l'homme qui venait de l'abattre. L'homme
était venu dans sa salle de classe pour acheter et son âme et sa
conscience ainsi que les âmes et les consciences de tous les enfants
de son âge et, comme l'enfant ne voulait rien vendre, surtout pas

son âme, sa conscience, qui portaient encore la marque et la blancheur de la pureté, il était juste prêt à lui partager son amour et, comme l'homme n'en voulait qu'à son âme et conscience, alors l'enfant, lui, ne voulût rien savoir. Il ne voulût vraiment rien savoir ! Il ne voulût rien entendre ; il ne voulût rien comprendre. Je l'ai vu se lever en tapant sur la table et sortir de la classe en courant mais il n'est pas allé loin, il n'est pas arrivé jusqu'à la plage. S'il avait couru plus vite que son ombre, il se serait réfugié dans la mer et l'homme ne l'aurait pas tiré une balle dans le dos parce que lui, l'enfant, il savait que l'homme allait lui tirer une balle dans le dos car, pour l'homme, c'est son jeu, un jeu d'enfant qu'il a depuis qu'il ne marche plus à quatre pattes comme moi et ça, l'enfant le savait, lui. Bien sûr qu'il le savait : il sait tout, l'enfant, il n'a rien mais il sait tout : le passé le présent et même le futur proche et lointain... Ah ! S'il avait couru plus vite que sa silhouette, peut-être qu'il ne serait pas tombé et sa Maman ne serait pas là, entrain de pleurer. Maintenant elle est à quatre pattes comme moi, tournant autour de son fils que l'homme venait d'abattre.

Tirer une balle dans le dos d'un enfant, quand même, quelle lâcheté !

Je regardai l'homme et je me dis : « *Si c'est lui le maître d'école, alors je n'irai jamais à l'école.* » La femme regardait son fils. L'homme regardait les avions dans le ciel et moi, je repartis sur la plage. Je ne retournai plus jamais à cette école-là, c'est pourquoi je te supplie, toi : pourquoi tu ne viendrais pas, toi, au milieu de tous ces enfants, pourquoi ne serais-tu pas, toi, la personne qui leur apprendrait à lire, écrire, compter, rire et chanter ? C'est si beau, toutes ces choses-là : rire et chanter surtout, cela doit être très amusant car j'ai une fois entendu un coq chanter, c'était beau! C'était merveilleux!

« *Quand le coq chante*
les enfants du village
se tiennent une main
se tiennent l'autre main
et tous lentement en silence
forment une belle ronde
et font le tour du monde
deux à deux
de plus en plus nombreux
un deux trois quatre quatre
cinq six sept huit huit
neuf dix onze douze douze
treize quatorze quinze seize seize
dix sept dix huit dix neuf vingt vingt
de plus en plus nombreux
Oh comme ils sont si joyeux ! »

Qu'est ce qui est plus beau dans ce monde que de voir des enfants chanter rire et jouer ensemble à la ronde se tenant les mains et formant le merveilleux cercle de la planète ! Pourquoi veut-on d'une planète plate ? Elle est ronde la terre, non ? À moins que je ne me trompe, ne danse-t-elle pas autour du soleil ? Alors, pourquoi ne pas laisser les enfants chanter jouer rire ensemble et danser joyeusement autour du soleil, ils formeraient une belle ronde, ils feraient un beau monde ! Imaginez tous ces enfants qui rient aux éclats autour de vous, les entendez-vous, comme c'est mignon un rire d'enfant ! Et quels rires joyeux que les vagues sur la plage reprennent en écho pendant que les phalènes dorés voltigent sur cette étendue bleu-marine !

Rien que du sable fin

Dieu a dit : « Soixante-dix fois par jour, je regarde dans le cœur de l'homme pour y descendre. Mais je le trouve presque toujours plein de lui-même, et ne puis y pénétrer. »
— Amadou Hampâté Bâ, écrivain ethnologue malien (1900-1991)

A h ! Quel enfant ne court pas sur la plage, nu, les pieds nus, sur le sable nu qui n'a rien de méchant de mesquin, rien, aucune ombre, aucune silhouette, aucune présence de l'homme, même pas son squelette, rien, et l'enfant ne craint rien ! Il foule le sable fin rien d'autre que du sable et rien ne l'arrête... Certes, sous ce sable, il peut y avoir la carapace d'un crabe, d'une tortue car même quand il n'y a rien il y a toujours quelque chose : une tête sèche de sardine, la mâchoire d'un requin la colonne vertébrale d'un lézard, parfois un cordon ombilical bien enfoui en dessous mais rien d'autre et sous les quatre pattes de l'enfant, pas les deux pieds et les deux mains qu'il n'a pas encore mais sous ses quatre pattes : des pierres précieuses, des coquillages, des grains de sable brillants comme des pépites d'or...rien d'autre...aucun squelette humain. Aucune bombe. Révolu le temps de la haine et de la guerre tribales ! Finies, la Première et la Deuxième guerre mondiales ! Finie, la guerre d'Algérie ! Finie, la guerre au Congo

31

et en Afrique ! Finie, la guerre dans le monde ! Finie, la guerre du Vietnam, plus de bombardements, fini 1917, cent ans après, rien… rien ne reste à part les ruines. Finis, les clans, les murs, les frontières, la dictature on vient de loin quand même et de rien on a tout vu tout entendu et puis eh bien, plus rien… Je viens de loin, j'ai tout porté : les bottes, les bombes, les gants, les grenades, les armes sur mes épaules, les menottes en fer liant mes mains de chair aux poignets de sang, j'ai porté ce fardeau depuis ce passé lointain. Qu'ai-je gagné ? Rien, tout est vain à cet instant présent. Maintenant, je le laisse ici, m'entends-tu, je l'abandonne ici, ce terrorisme, je lui donne mon dos cette vanité, maudit fardeau, je regarde devant moi là-bas. Futur, je viens, me voici porteur non pas d'un autre fardeau mais d'un beau petit cadeau. Ah ! que n'ai-je pas vu dans ce monde, la grande puissance de l'homme sur l'humilité de l'humanité ! Pourtant je l'ai vu naître, l'homme, j'étais là, il me regardait tout mignon très innocent et bien grognon un bain de massage et des caresses bien fournies par Maman chérie qui s'émerveille à chaque fois qu'elle l'appelle : *mon doudou, mon bébé, mon chérie, mon sauveur, mon beau lapin, mon joli, mon boubou, ma vie, ma joie, mon bonheur !*

Et le môme gros bébé au sein de Maman que va-t-il devenir ?

Ah ! Si on pouvait savoir à ce moment-là !

Mais comment savoir qu'à ce moment-là

L'assassin sur son sein suçait son sang sans cesse ?

Il a l'air de dire :

Attends un peu, toi : tu vas voir ce que je vais te faire.

Que va-t-il faire, restera-t-il mignon beau souriant doudou, joyeux, plein de vie pour sa Maman ou…rien qu'un danger public national international et mondial ? Ah ! le doux doudou de Maman, tout et rien, quelle métamorphose ! Toute la beauté de ne rien faire, c'est de savoir qu'en ne faisant rien, on ne fait absolument rien de mal, qu'on est là juste en observateur bien tranquille dans son coin, on ne commet aucun crime, on marche à quatre pattes, pour la bonne raison, pour la bonne cause et puis un jour…on se lève des deux pieds et on change de camp.

De rien à dictateur.

Du bien au mal.

N"tchètu hu butâ M'kayi ! comme dirait Marie-Thérèse : *qu'est ce que la femme accouche !*

II

LECTURE II

La vie n'est rien qu'une vague à l'âme
Et des blagues aux larmes
Des rêves naissants
Un avenir florissant
Puis des éclats de rires
Et un craquement de mâchoires

Muän Mâ M'kayi

La vague de la fortune

Notre ambition est de transformer le Congo, de le moderniser, de l'industrialiser en vue de le conduire avec assurance à la prospérité.

— *Président Denis Sassou N'Guesso*

J'étais sur la plage quand l'homme de pouvoir est né. Il n'est pas né homme, il est né enfant comme moi : un rien de corps qui marchait à quatre pattes comme moi. Il n'est pas né sur la plage. Il est né loin là-bas, très, très loin d'ici, au Nord du pays, aux bords des lacs et rivières. C'est là que l'on a retrouvé son cordon ombilical enfoui sous un manguier. Sur le manguier, il y avait deux nids d'oiseaux : une souris est sortie du premier nid, est descendue de l'arbre et là, sous le manguier, elle a déterré le cordon ombilical de l'homme puis l'a grignoté ; ça ronge tout et rien à la fois, cette souris-là ! L'homme qui n'était encore qu'un bébé était tout petit : sa tête, une noix de cola ; ses oreilles, deux nids d'oiseaux ; ses yeux, deux petites billes de serpent - un serpent bébé inoffensif ! Son nez, une trompe d'un éléphanteau qui fouine partout. Un petit corps d'humain, il n'avait rien de spécial. Que va-t-il devenir ? Tout le monde se le demande mais le monde ne sait rien, l'humanité se tait, et là où l'humanité ne dit mot, rien ne se fait, on laisse aller, on laisse faire, on laisse pousser, on laisse grandir, on ne se plaint de rien : la nature s'en chargera. Il ressemble à tous les enfants nés loin des mers et qui viennent toujours s'exclamer sur la plage en pointant du doigt l'énorme vague là-bas au loin : « *C'est quoi ce monstre là-bas, là haut ?* » - « *ce monstre là-bas, là haut,* lui répond-on, *c'est une grosse vague qui s'élève.* » Puis, la vague vient échouer à ses pieds nus pour lui souhaiter la bienvenue ; et lui, l'enfant du Nord, repart vers lacs et rivières, avec sous ses pieds le sel de l'écume de la mer et ce beau petit souvenir d'avoir vu une étendue aussi bleue. Alors, un autre jour, comme il a grandi, ce petit souvenir de rien du tout, qui n'est qu'un doux souvenir d'enfance le hante et le ramène auprès de la reine des eaux. Il arrive, vole la vague et l'emporte vers lacs et rivières, modernise son village et vit dans l'opulence du moment et des moments lointains… Et lui, le bébé devenu homme, ne marche plus à quatre pattes comme moi, qui suis propriétaire de la vague, il roule à quatre roues, à tombeaux ouverts et moi, parti de tout, je n'ai rien et lui, parti de rien, possède tout : argent, gloire, être, avoir et même femme qu'il rencontre sur la plage, et qu'il emmène chez lui, là-bas dans son village artificiel et qui, éblouie par des lumières des tours et les grand-routes, s'exclame à son tour en hochant la tête et en pointant du doigt elle aussi : « *Ça alors ! Comment faites-vous pour avoir tout ça ?* » - « *Quoi tout ça,* lui demande-t-on.* » - « *Eh bien, ce luxe insolent…* » - « *Pas grand-chose,* dit l'homme fièrement, *rien de rien, ça vient de la vague, de votre vague !* » - « *La vague ? – Mais bien sûr, oui la vague bleue et salée,* répond-il à la femme en pointant vers ma plage…Et la femme de la plage se dit : « *Une vague, une vague peut-elle produire tout cela ? - Mais oui, répond l'homme, bien sûr, elle produit tout, une vague, il faut savoir l'exploiter, tout jaillit de rien.* » Et la femme de la plage reste là à jouir sous le manguier et, en présence du rongeur, le bonheur de la vague, sans rien dire et comme personne ne dit rien, l'homme devient le maître suprême.

Que devient-on quand on ne marche plus à quatre pattes : le feu de l'étincelle, la pluie de la goutte d'eau, la neige du flocon, la grande promenade d'un pas après un autre, le grand dialogue d'un mot à un autre, le vain discours d'une phrase après une autre, un rien au mal ou un rien au bien ? Que devient-on, bon sang ? Une bombe à retardement sortie du sein inoffensif de maman ? Pauvre Maman qui croyait avoir un beau petit doudou de rien du tout !

– Est-ce à moi, ce bourreau, se demande-t-elle avec hésitation...Non ! Est-ce lui qui bombarde de l'autre côté là-bas ? Ô mon Dieu, mais ne sait-il pas qu'il y a des enfants là-bas, Ô Ciel !

Puis, elle bouche ses oreilles au bruit assourdissant de la bombe. Comment oublier, qu'on a tous, été enfants... et qu'un enfant, on le protège ?

Puis, elle secoue sa tête et dit :

- *Buta buta mba wa butu lillawu !* (À force de trop mettre au monde, on finit par donner des fous au monde !)

La famine affamée

On ne peut pas espérer que le monde changera si nous
ne changeons pas nous-mêmes.
— *Président Denis Sassou N'Guesso*

J'étais sur la plage, nu comme un ver de terre. Je marchais
à quatre pattes comme toujours car qu'y a-t-il à faire sur
la plage à cette heure-là, sinon rien...que marcher à quatre
pattes ? Je l'ai entendue, la famine, très fâchée comme un pou
sous les cheveux d'un fou. Ce n'est pas le sale pou qu'elle voulait
voir, elle voulait voir l'homme du pouvoir : ils avaient le même
âge, ils avaient grandi ensemble ; lui venait des lacs et des rivières,
elle venait des plaines, des savanes et des montagnes et, là-bas,
tout séchait : même la famine n'en pouvait plus ; son ventre était
collé sur sa peau, elle passait comme une folle sur la plage. Elle
faillit m'écraser en marchant sur moi. Elle ne s'en rendit pas
compte ; elle se grattait la tête. Le pou devait bien l'attaquer mais
elle n'était pas après le pou qui n'avait rien à voir de son malheur
: c'est l'homme du pouvoir qu'elle cherche depuis toujours, pour
lui dire un mot à la veille de Noël, avant qu'il ne souhaite ses
vœux de bonheur à la population menacée. Cette fois-ci, elle ne
les écoutera pas, ces vœux. Il peut se les garder, trop c'est trop!
Elle en a marre, elle ne veut rien entendre! Assez, c'est déjà bien

assez comme ça! Elle ne veut rien écouter, elle parlera, il écoutera et, cette fois-ci, elle ne mordra pas sa langue, elle va lui dire un mot, pas deux, qu'elle n'a pas, un tout petit mot de rien du tout, qui ne veut rien dire peut-être à moins que, d'un mot à un autre, surgisse un rien de dialogue, une conversation pour rienutile peut-être, comme dirait un papa que je connais, qui n'explique rien et qui n'apporte rien de nouveau mais qui touche.

La vie n'est rien si on ne dit rien. Savoir dire les choses est un art qui vient de loin et de rien, qui ne demande pas grand-chose, qui part d'un rien. Il ne faut pas le nier car le nier serait juste emmener l'art de dire à rien, c'est à dire à un renversement de la situation…À ne rien dire, à ignorer sa patrie et son peuple et, comme elle, la famine, ne veut pas ignorer sa patrie et son peuple, alors elle va tout droit vers l'homme du pouvoir et elle arrive devant le mur qui lui barre la porte…Pauvre famine ! Tout ce bon et long chemin pour *rienutile*…alors qu'elle voulait juste lui dire des mots simples, de simples petits mots de rien du tout, qui ne signifient absolument rien mais qui touchent, des mots qui nous font respecter le peuple et la patrie car, d'après ce qu'elle m'a dit, elle, la famine, voulait lui dire ceci. D'abord, sur la plage, elle m'a posé une question : - « *As-tu entendu que son ancêtre…* » - « *Quel ancêtre ?* » ai-je demandé à brûle pourpoint - « *l'homme de l'avion, l'ancêtre de l'homme du pouvoir…* - « Ah oui » ai-je dit - « *Eh bien, son ancêtre, a-t-elle continué, paraît qu'il a reçu de son ancêtre des légions d'honneur, tu t'en rends compte ? Mais est ce que tu t'en rends bien compte ? Pour qui se prennent-ils, ces deux-là ? Cela ne me dit rien mais alors là, rien du tout, crois-moi mais quand même !* »

Elle respire un grand bol d'air qui fait pincer ses boyaux et elle se tord : elle a mal. « *Aïe !* » lâche-t-elle, elle a faim, elle a trop faim, ça se voit : elle se tord en prenant son ventre dans ses mains, son visage dessine une vilaine grimace qui fait tordre aussi ses

oreilles et son nez, puis, elle s'éclate :
D'ailleurs, les bonheurs, les honneurs,
Qu'ils les gardent pour eux !
Nos douleurs nos malheurs,
Qu'ils montent dans les cieux !
Est-ce la faute à sœur Antoinette,
Si l'homme garde à lui tout seul sa mallette ?
Nous savons tous que ce n'est qu'une affaire familiale ;
Mais qui de nous tous ici bas n'est pas tribal ?
L'homme de l'avion fait de l'homme du pouvoir un héros
Une manière qu'il a de nous soutirer quelques EUROS
La case De Gaulle n'est qu'une ruine de la colonisation
Qui n'a rien d'une bénédiction !

Et cette fameuse décoration dont tout le monde en parle, continue-t-elle, mon œil, n'est qu'une décoloration de l'histoire noire, racontée chaque soir sous la lampe d'argent du créateur. Ah les menteurs ! Et as-tu vu l'opposant au pouvoir se plier en quatre devant l'homme de l'avion qui lui demandait s'il voulait une canne à sucre ? « *Oui monsieur, oui monsieur...- En es-tu sûr... - Oui monsieur, oui monsieur... - Fais la grimace...* » Il tire sa langue sans gêne, brûle sa face sous le soleil ardent et renie sa race...- « *Voici ce que tu as demandé, es-tu satisfait ?* - « *Très satisfait, Monsieur, très satisfait...* » - *Eh bien, tant mieux, vas-y, fais l'affaire* » Et comme Dante face à Vigile, il obéit, prend un fusil, envoie un coup à la famille de l'autre, la nôtre, essuie ses oreilles, ses chevilles et dit : « *Mission accomplie monsieur* »...Et l'homme de l'avion repart avec l'avion et la mallette pour aller construire son pays et laisse à l'opposant, bombes et armes à feu, pour détruire le nôtre et tout ça, en un rien de temps et ON ne dit rien ! C'est ce que je veux dire à l'homme du pouvoir.

Elle s'affale sur le sable, épuisée puis murmure : « *Quand est-ce qu'ils changeront ?* » Au loin s'élève le bruit assourdissant d'une bombe et le pleur d'un enfant. La famine roule ses yeux au ciel puis me regarde et moi je ne dis rien, je hausse mes épaules. Au loin, j'aperçois le peuple qui tombe et des blessés ensevelis sous les décombres.

Un gros câlin de paix

« Chers compatriotes, il nous est permis en toute responsabilité, dignité et foi, d'avoir une pensée commémorative pour le 57ème anniversaire de notre accession à l'indépendance : symbole de liberté d'affirmation de l'identité congolaise autour des valeurs profondes d'unité de travail et du progrès. Ces valeurs fondatrices ont fait du Congo un peuple capable de conduire les destinées de son histoire et de son avenir dans l'unité sur la base d'un vouloir vivre ensemble. »

— Frédéric Bintsamou, pasteur, chef de milice et homme politique congolais, plus connu sous le nom de Révérend pasteur Ntumi, (ntumi qui veut dire messager.)

Nous étions tous deux sur la plage, moi à quatre pattes, nu comme un babouin, elle, la famine à plat ventre. Son estomac bourdonnait comme un tambour qui sait jouer de la musique à vous casser les tympans. Il y avait l'opposant au pouvoir sur la plage, venu prononcer un discours qu'il n'avait pas écrit. Il ne comprenait rien du tout parce qu'il le lisait et sa lecture n'était pas bonne, alors, la foule non plus ne comprenait rien. Elle attendait sans rien dire, tout ouïe, tout oreille à ce qui n'était rien que du vent soufflé par un vaurien car plus vaurien que

44

l'opposant au pouvoir, il n'y en avait nulle part ailleurs, même pas dans la foule. La foule attendait. *Pourienutile*, dirai-je. La famine circulait dans la foule. Le discours était prononcé par un tonneau vide qui dégringolait du haut de la montagne. La famine s'ennuya. Elle alla vers une fillette de la mer, qui était assise à l'écart, seule et qui ne prêtait aucune attention à tout ce qui se passait non loin d'elle. Elle jouait sur la plage avec du sable sur le sable. Elle prit le sable dans ses mains. Elle posa un sourire et un baiser sur du sable et souffla dessus. Le sable rencontra un vent qui l'emporta très haut comme un cerf volant. La fillette souffla de plus belle. Le sable traversa les nuages. La fillette souffla encore et encore. Elle projeta son sourire très haut, les nuages se dispersèrent. Les grains de sable s'allièrent aux rayons de soleil et envoyèrent sur la plage une tendresse lumineuse ; celle-ci enveloppa la foule qui se tourna vers la fillette. Illuminée, la foule ! La fillette de la mer se leva, tendit ses bras ouverts vers la foule. La foule quitta l'opposant au pouvoir et vint se blottir dans les bras de la fillette. La foule forma un seul peuple. Beaux animaux de la basse-cour ! Sans discrimination de plumage et de pelage. Elle n'était rien d'autre qu'une seule et unique nation. Indivisible. Derrière l'opposant au pouvoir arrivait, genoux au menton, armé jusqu'aux dents, l'homme du pouvoir. Pris de peur, l'opposant incita la foule à chasser l'homme du pouvoir. La fillette cacha la foule sous ses épaules. Elle avait horreur du sang. Elle s'assit sur le sable et commença à jouer avec du sable. Elle prit le sable dans ses mains. Elle souffla dessus en disant : « *Ne viens pas détruire ce que je commence à peine à construire : un seul peuple, une seule nation ; même Papa le fleuve, même Maman la mer !* » Alors, elle souffla plus fort et encore plus fort. Le sable rencontra le vent qui venait de tous les quatre points cardinaux. Ensemble ils formèrent un gros tourbillon qui emporta l'opposant au pouvoir

et l'homme du pouvoir. La famine s'en alla à la poursuite de
l'homme du pouvoir car elle n'avait pas encore réglé son compte
avec ce dernier.

Le patrimoine culturel

Moi, se dit le petit prince, si j'avais 53 minutes à dépenser, je marcherais tout doucement vers une fontaine.
— *Le petit prince de Antoine de Saint-Exupéry*

J'étais sur la plage…encore…il se faisait tard. Je regardais la fillette de la mer. Le coucher de soleil et moi, écoutions la fillette chanter à la foule :

« Un papillon sur l'arbre fredonne
Une chanson qui ne lui appartient pas
Qui ne lui appartient vraiment pas.
Accompagnées par le souffle du vent
Les feuilles de l'arbre qui la composent
Se balancent se balancent sur le calme du moment
Un air souriant fait danser le nid d'un oiseau
Qui perché sur l'arbre fredonne lui aussi
Fredonne joyeusement lui aussi
Cette chanson qui ne lui appartient pas
Qui ne lui appartient absolument pas
Et qui fait penser à un gémissement d'eau

Puis, loin le papillon tout doucement s'envole
Là-bas loin très loin en battant ses ailes
L'oiseau n'a rien, lui
Rien du tout
L'arbre lui, a tout
L'oiseau n'a que son nid
Dans son nid un œuf qu'un serpent renifle
Pendant que le papillon là-bas reprend son souffle
L'arbre a les feuilles les branches et la chanson
Les fruits l'air du vent et le temps
Il est le repos, il a tout ce qu'il faut
Heureusement, il partage avec tout le monde
L'arbre, rien à dire, il vaut ce qu'il vaut
Et il en donne, il en donne, il en donne à la ronde
Et l'oiseau fredonne toujours
Cette chanson qui ne lui appartient pas
Qui ne lui appartient toujours pas
Et le vent souffle toujours
Pour l'arbre qui reste toujours
Un abri et un centre de repos pour l'oiseau qui s'envole
Et pour le papillon qui danse des ailes
Et les feuilles de l'arbre écrivent chaque jour
Elles écrivent tous les jours
Pour l'enfant qui n'a rien
Cet enfant qui somnole bien
Cette belle chanson qui lui appartiendra bien un jour
Et qu'il chantera pendant tous ces jours
Ces jours qui seront ses plus beaux jours
Et même quand le vent soufflera

Et que le tonnerre grondera
Et que l'éclair jaillira
Et que la pluie tombera
L'oiseau et lui, la chanteront en chœur
Pour faire briller le soleil dans son cœur »

Le sujet du roi

Il ne savait pas que, pour les rois, le monde est très simplifié. Tous les hommes sont des sujets.
— *Le petit prince de Antoine de Saint-Exupéry*

J'étais sur la plage. J'attendais le retour de la famine partie à la poursuite de l'homme du pouvoir. Que fera-t-elle de lui quand elle l'attrapera ? Je me le demande...
L'enfoncera-t-elle dans la boue ou bien l'élèvera-t-elle comme la houle élève sa vague ? Sera-t-il un héros national, en fera-t-on un heureux mondial ou le traitera-t-on comme un rien local, un simple zéro de rien du tout, un zéro qui ne peut figurer ni dans le dollar ni dans l'EURO ni dans le franc CFA où d'ailleurs, il est totalement absent ?

J'étais sur la plage... ha ha ha ! Je regardais la fuite de l'opposant au pouvoir. Brusquement, il s'arrêta. L'homme du pouvoir l'attrapa. L'opposant au pouvoir avait une chemise à deux revers. Il la retourna et allia le camp de l'homme du pouvoir. La foule ne dit rien. Elle leva les yeux au ciel. Elle ne comprit rien. Elle ne vit en ça rien d'autre que de la trahison, de la manipulation. Un jeu politique.

Pris au piège, le pays eut honte de l'opposant. Il le renia. Il n'était rien d'autre qu'un tabac de la même pipe. Le pain d'une

même farine. Il était les deux : le tabac et le pain… comme dirait
Ta M'kossu, ce sage de la mer… ha ha ha!

La main tendue

J'ai ainsi vécu seul, sans personne avec qui parler vérita-
blement...
— *Le petit prince de Antoine de Saint-Exupéry*

aintenant, je suis sur la plage où il ne se passe rien.
L'air est tranquille. La vie est paisible. La paix est
profonde et moi, je suis tranquillement assis à quatre
pattes. Je ne m'ennuie pas. La vue m'est offerte sur un plateau
: gratuite et splendide. Il y a des instants comme ça où, c'est le
repos pour tout le monde, même pour les bombardiers. Je respire
normalement. Je savoure le moment. Puis, brusquement, mon
cœur se met à battre. Là-bas, un enfant vient de naître. Il n'a
pas deux pattes. Il n'a pas quatre pattes. Il n'a que son dos. Et
son ventre. Il est à plat ventre, seul sur du sable. Il va s'étouffer.
Ses parents, chassés par l'homme du pouvoir et l'opposant au
pouvoir, se sont réfugiés dans la mer. Ils l'ont laissé là, sur la plage,
de peur qu'il ne se noie. Non, il ne se noiera pas mais il s'étouffe
déjà ; heureusement qu'il sait se servir de lui-même, à cet âge ça
alors, et hop ! le voilà à plat dos. Il respire normalement. Il ne
dit rien. Il se croit sauvé mais le vent souffle et balaie le sable qui
le frappe en pleine figure : aï aïe aïe ! Il pleure. Il va prendre du
sable plein le nez, la bouche, la tête...et moi qui m'inquiétais tout

à l'heure de ce qu'on allait faire de l'homme du pouvoir, voilà devant moi là-bas un enfant qui se meurt et je ne fais rien…mais que faire à quatre pattes sinon…rien…

- Tiens bon, petit ange, je dis. Bientôt, l'homme ce loup, comprendra que c'est le futur d'abord qu'il faut sauver en ce monde, alors, il te tendra une main salvatrice, et ça ne lui coûtera rien du tout, car il n'y a plus rien d'autre à faire qu'un petit geste de rien du tout, pour sauver des milliers de vies humaines. Je le sais, oui, que vous êtes des milliers et des milliers à mourir chaque jour pour *rienutile*…

L'Afrique qui perd et gagne

« Il faut d'abord structurer des idées et des propositions avant de se poser les questions d'égos. Sinon la politique n'est plus qu'une comédie humaine, ce à quoi on veut souvent la réduire. »
— *Président français Emmanuel Macron*

J'étais sur la plage. Je riais à me casser les mâchoires, pas les dents que je n'avais pas encore, les mâchoires : a-t-on des dents à quatre pattes ? On ne mord pas à quatre pattes, personne n'a mordu à quatre pattes, ni Hitler ni l'homme au pouvoir ni son opposant. Mais voyons, quand commence-t-on à mordre ? Je riais du ventre, j'avais les boyaux crispés, je riais aux éclats c'est à dire à gorge déployée, tellement c'était drôle, ce qui se passait ! Pour d'autres, ça ne signifie rien mais pour moi, un rien, me fait exprimer mon émotion joyeuse, triste, drôle, pas drôle… Je sais capturer l'instant comme un chasseur d'images. N'est-ce pas rigolo, ça ? Écoute, la famine arrive dans la chambre obscure où sont installés l'homme de l'avion, l'opposant au pouvoir et tous les amis de l'homme du pouvoir. Ils tiennent tous une réunion. L'homme de l'avion lève le verre et invite les autres à boire une boisson rouge foncé en disant : « *Trinquons tous au nom des enfants de la patrie !* » La famine entre et bouscule tout le monde : « *Quels enfants de la patrie ? De quelle patrie parlez-vous, arrêtez !* » crie-t-elle. Elle se tourne vers l'homme de l'avion et, le toise : « *Alors, comme ça, avec un rien, vous venez encore acheter notre conscience ? Mais qu'est ce qui vous prend, à la fin ? Notre sol est-il le seul lieu exploitable sur toute la planète ? Cela ne vous suffit-il pas de l'avoir réduit à rien, en lui criblant de dettes dont il n'a aucune idée ?* » Et devant les amis de l'homme du pouvoir et à son opposant elle attaque : « *Et vous, vous n'avez aucune honte de toujours vous laisser avoir ? Même lui, ce moins que rien, ce faux capitaliste ?* » - « *Je suis mieux qu'un communiste !* » dit l'homme de l'avion. La famine lui assène un bon coup de poing juste là, à la naissance de sa force, qui l'envoie dans les pommes. Et à l'opposant qui l'apostrophe, elle dit : « *Toi, dégage, ça suffit...T'en a assez fait comme ça* pourienutile, *alors, que le diable t'emporte !* » L'opposant au pouvoir, mine de rien, fait la révérence à la famine et dégage avant que le diable ne l'emporte. Elle donne une claque à l'homme de l'avion qui se réveille en sursaut. « *Sers-moi un verre d'eau !* » lui ordonne-t-elle. L'homme de l'avion lui sert un verre d'eau qu'elle boit sans respirer, on n'entend rien d'autre que le son de sa gorge qui l'accompagne : glou glou glou. Puis, elle lui dit : « *Prends mon panier et suis-moi !* » L'homme de l'avion, sans argument, porte son panier et la suit. Tout le monde roule des yeux ronds mais ne dit rien. Qui l'aurait cru, murmure leur silence, les temps ont changé. Cela me fit tordre en quatre et je me roulai sur du sable. La famine, à ce moment-là, n'avait que l'âge et le courage de la jeunesse.

La France qui gagne et perd

« En France, comme en Afrique francophone, on a un problème similaire : les mêmes dirigeants tiennent les rênes depuis plus de trente ans. »
— *Un Africain inconnu*
« Le rôle qui est le vôtre dans chacun de vos pays est voisin de celui qui est le mien ici en France. Il faut réussir à dépasser ce qui a emprisonné nos aïeux. »
—*Emmanuel Macron*

J'étais sur la plage en train de me rouler sur du sable et ce qui me faisait rire de plus belle, c'est ce qui se passait chez l'ancêtre de l'homme du pouvoir, là-bas. Arrivé chez lui après ce grand échec, humilié devant tous par la famine, l'homme de l'avion pleurait. Tout le monde le quittait lui aussi. Ce qui me fit éclater de rire ce n'est pas parce qu'il pleurait ou parce que tous le quittaient, non, cela n'avait rien à voir. Non, mon rire n'avait rien à digérer avec ses pleurs ou l'abandon des siens. Non, moi, on m'abandonne chaque jour sur les plages, dans les villages, sur les champs de bombes de mines et de guerre, personne ne s'en fait, donc, ça n'avait rien à voir avec l'abandon mais plutôt avec la manière dont il pleurait…et la manière dont on le quitta. De ma plage déserte, je l'observais. C'est surtout son discours qui me cassait les côtes. Il était dans une situation désespérée, son mandat présidentiel arrivait à sa fin et tout le monde faisait tout tomber sur lui qui, pourtant, n'avait rien fait du tout. Certes, il n'avait rien fait aussi pour relever son pays mais il n'avait rien fait pour le faire basculer. Ce qui m'étonnait, c'est que lui, le pauvre, n'avait aucun compte en Afrique. L'homme du pouvoir et l'opposant au pouvoir, oui, ils avaient leurs comptes là-bas, dans leurs banques mais lui, Dollando - tel était son nom - où avait-il son compte ? Il n'avait même pas une femme sur la plage. Ce qui est tombé sur lui est très grave, on ne peut pas lui imputer toute la faute : s'il est tombé à quatre pattes, ce n'est pas sa faute, il n'a rien fait pour que cela lui arrive à lui. Que pouvait-il faire pour l'éviter ? Rien : il a été lui aussi surpris de ce qui arrivait dans ce beau pays que tout le monde adore car il n'était pas encore bien debout, contrairement à Gogol qui l'était, lui, bien haut : il régnait, il tonnait, il s'envolait d'un continent à un autre mais, lorsqu'il a perdu toutes ses colonies, il est tombé sur ses épaules. Heureusement pour lui, il ne pouvait tomber plus bas : c'est un géant. Pompe le doux c'est sur le nez qu'il est tombé, Jessicar sur la poitrine, Quitte-du-rang sur le ventre, Chicard sur le cou, Sac-de-riz n'a fait que rire, il a tellement ri qu'il est tombé sur les genoux et lui, Dollando, eh bien, comme moi, il est à quatre pattes, pas sur la plage, bien entendu, mais dans son palais parce que ce qui vient juste de tomber sur lui et sur moi est plus grave que tout… ce terrorisme qui nous paralyse tous, et c'est à ce moment-là qu'il a besoin de toute la nation mais c'est à ce moment-là que la nation n'a rien d'autre à faire que de le quitter… elle renie sa patrie. Moi, je suis sur la plage et je regarde tout ça je me dis : ce n'cst pas possible, ce n'est pas maintenant qu'elle doit le lâcher ! Voyons, enfants de la patrie le moment est mal choisi; il faut le relever, c'est comme nous, ce n'est pas maintenant qu'il faut lâcher mère

Afrique, bien au contraire ! Continuer à la porter haut, comme les Chinois portent la Chine. Il ne faut pas que mère Afrique s'écrase sur nous ! Nous marchons à peine à quatre pattes, où fuirions-nous, nous autres ? Et même vous, qui roulez à quatre roues, ou qui allez à vol d'avion, où iriez-vous ? Réfléchissez : la France perd tout, elle aussi : l'Europe lui a pris son franc français, ses enfants l'abandonnent pour l'Asie, d'autres travaillent illégalement dans un pays ou les pattes et la trompe d'un éléphant saccagent tout ! Qui l'aurait cru ? Sa langue est manipulée, parlée dans tous les accents africains, asiatiques, américains, européens, océaniens. Molière même s'il ne dit rien, en a marre ! Que dire sinon rien ? Trop, c'est trop ! Dollando lui-même a perdu l'usage de la langue : il n'a rien dit lorsque le 11 novembre son pays a hué...non...je dis n'importe quoi... pas la France, la France trop polie n'a rien dit, elle ne hue pas les enfants de sa patrie ! La France, elle ne fait pas de mal à ses citoyens, aucun pays au monde ne fait le moindre mal à ses enfants. Aux jours de gloire comme aux jours de défaite, la France soutient ses enfants dans le bonheur et dans le malheur pour preuve lorsque certains Français ont crié sur le président, là, sur la place publique sous cette pluie du 11 novembre, la France ne lui a pas fermé les portes de l'Élisée, non, bien au contraire, elle a ouvert grand ses portails, ses portes et fenêtres, elle les a fermés elle-même derrière son Dollando, qui s'est affalé sur le tapis français et a pleuré à quatre pattes. Que fera-t-on de lui quand il ne sera plus président, je me le demande ? Le traînera-t-on dans la neige ? J'aimerais déjà le savoir car cela m'inquiète tant : comment finissent-elles, ces hautes personnalités politiques ? Vois-tu, un rien des autres, m'inquiète ! Moi personnellement, je ne m'en fais pas : je sais que je terminerai sur ma plage. Ça, il n'y a rien à faire... Mais eux ces hommes de pouvoir et au pouvoir, où finissent-ils leurs derniers jours ? Dans des culs-de-sacs ou dans des fosses communes ? Ce jour-là, il a pleuré et c'est là qu'il m'a fait marrer : il s'est pris le dernier cheveu qu'il avait sur le front car, sur toute sa tête ovale, il n'y avait plus rien d'autre, et rien d'autre à prendre dans ses bras sinon son pouce. Regardez comme c'est mignon, un président qui n'a rien d'autre à faire que sucer son pouce ! Et la porte s'ouvre sur un serviteur qui lui apporte... qu'est ce que c'est ça ? Oh ! Rien que son... « *Monsieur le président votre petit déjeuner !* » Voyons donc ce qu'il mange, monsieur le président... Oh ! C'est trop gentil : une boîte de lait hollandais ! Nous ne grandissons donc pas vraiment : même les présidents... Comme j'aimerais bien en avoir moi aussi, être servi ici, sur ma plage, comme d'autres sont servis dans leurs palais présidentiels ! Attendez, c'est du bonnet rouge qu'on lui sert ou du lait écrémé ? Je ne vois pas la différence, je ne sais pas quel lait c'est... Quoi ! Je n'en ai jamais goûté ! Il n'y a pas de lait sur la plage mais je suis sûr que celui que prennent tous les présidents, c'est le lait de la vache qui rit, le lait qu'ils prennent tous, je veux dire l'homme de l'avion, l'homme du pouvoir ainsi que leurs opposants et leurs amis, oui bien sûr, leur lait, c'est le rire du peuple, ce peuple qui se moque bien d'eux parce qu'il sait ce qu'ils ne savent pas. Il sait, lui, le peuple que tout a une fin, et voilà donc Dollando qui prend son lait. Au lieu de s'en réjouir, il pleure, non pas parce que l'Europe lui a volé sa monnaie, il ne s'arrache pas son dernier cheveu parce que la francophonie prépare sa langue dans toutes les sauces, il n'a rien à y voir : Molière n'a qu'à s'en occuper, qu'il aille s'entendre là-bas avec Tolstoï qui lui a ravi Depardieu – ah ! Depardieu, s'éclate Dollando de plus belle, même toi, tu quittes la France ? Voyons, elle ne t'a rien fait ! Si tu veux t'en prendre à quelqu'un, prends-toi à moi, mais en tout cas, touche pas la France ! Reste et sauve la France, tu lui dois bien cela, elle a vu tous tes films ! C'est elle qui remplissait le box office de tes films.

Elle t'a forgé, la France, c'est elle qui a fait ta carrière : elle t'a élevé, Gérard, et moi, depuis que je suis tout petit, je partais voir tes films, même les moins bons. Au début, tu n'étais rien, d'ailleurs, tu es parti de rien, tu étais mon clown préféré ; j'aimais bien ton nez parce qu'il n'était pas rouge comme ceux des autres clowns de mon pays. Les autres clowns avaient tous un faux nez, ils me faisaient peur mais pas toi, le tien était bien assis à sa place, il était vrai, il respirait, il vivait, il te donnait du souffle…il nous donnait du souffle. Et puis, n'oublie pas que tu t'es fait dans la langue de Molière, pas de Tolstoï. Tu veux partir, eh bien, pars si tu veux, tu ne manqueras pas à la France…mais tu te manqueras à toi-même, et l'histoire ne mentionnera jamais ton nom dans le cahier d'or de cette grande patrie. Tu ne séjourneras jamais au Panthéon, tu ne feras pas partie du clan des grands messieurs et des grandes dames de France. Et puis, comme tu vas, ne touche plus à la langue de Molière, petit ingrat, je trouverai bien quelqu'un pour te remplacer. D'ailleurs, quand j'aurai terminé mon mandat, ne crois pas que je resterai assis à quatre pattes à ne rien faire, bien au contraire, je me lèverai, je reprendrai tous tes rôles et je les jouerai ! Je jouerai les *Misérables* moi aussi. Au moins, la France ne perdrait rien! Allez! Cours, saute, vole, espèce de français, va!

Puis, il se met sur les deux jambes et essaie d'imiter quelques rôles joués par Depardieu : il se place devant le miroir, dit quelques tirades, touche son visage et remarque qu'il n'a pas le nez qu'il faut, c'est à dire un bon nez pour imiter Depardieu qui joue Jean Valjean dans l'œuvre de Victor Hugo. Il ne voulait pas d'un faux nez, alors, il s'écroule et gémit. J'étais sur la plage, je l'ai entendu et il faisait vraiment pitié avec ses rimes et ses mimes qui ne signifiaient absolument rien et qui ne menaient nulle part.

    - *Comme ça tu pars toi aussi Depardieu*
    Vous y allez tous tranquillement deux par deux

Cela ne vous gène pas de m'abandonner seul sous nos cieux
Bleus blancs rouges au moment où le terrorisme règne en ces lieux ?
Espèce de faux Français ! Abandonner votre culture entre les mains des étrangers et vous vous appelez vous-mêmes Français ? Vous allez la perdre votre culture, vous allez perdre vos droits votre hymne, votre langue. La sagesse africaine a beau dire que *le séjour d'un tronc d'arbre dans l'eau ne transforme pas un morceau de bois en crocodile,* mais si, mais si, mais si, ne partez pas ailleurs, c'est très dangereux dehors là-bas, une Trompe vous transformera en Poutine, je vous dis, regardez le poète Senghor, comme nous catholique, il parlait, il respirait, il mangeait, il chantait, il écrivait, il dansait français ; même sa femme était Française, tout comme son voisin d'à côté, mon ami Ivoirien, là-bas, que nous venons juste d'installer sur le trône... Alors, patientez encore un moment, un instant, un temps, juste une seconde et les choses vont s'arranger, promis ! Je suis encore en pleine négociation avec l'Afrique francophone, nous venons de les aider au Mali, au Centrafrique, au Tchad, en Côte d'Ivoire, en RDC. Les nôtres ont donné leurs vies là-bas pour que les portes vous soient à nouveau ouvertes, et elles sont entrain de s'ouvrir lentement. Bientôt, elles y seront grandement ouvertes, alors, vous irez régner comme au temps jadis. Patience n'est pas souffrance mais persévérance. Révérence, c'est cela la France. La France-Afrique, c'est la France qui tend l'appât aux corrompus africains et ils mordent, vous n'avez pas encore compris ? Alors, un peu de patience, il faut maintenant du temps pour qu'ils mordent. Les enfants de l'Afrique d'aujourd'hui ne sont pas les mêmes qu'ont connu nos parents ! Non, les bambins d'aujourd'hui savent lire et écrire, ils parlent même mieux français que nos enfants et pire encore ils veulent même renoncer au franc CFA alors là ce sera le chaos pour la France...ils sont très intelligents ces enfants et la

grosse erreur commise par nos aïeux, c'est de leur avoir appris à lire, parler et écrire notre langue et je ne le leur pardonnerai jamais! Il aurait fallu que nous apprenions leurs dialectes, on ne s'inquiéterait pas aujourd'hui… Heureusement que, parmi eux il y a encore des corrompus, ces assoiffés de pouvoir, ces sangsues du trône, ces suceurs du sang de leurs enfants et eux, ce sont nos cibles et eux, ils mordent toujours pour un *rienutile,* comme dirait Saint Joseph, ce sage vili que j'ai connu. Alors, attendez, attendez!

Deux par deux comme Depardieu, ils s'en allèrent sans se retourner en chassant de leurs oreilles ces petits moustiques ou ces petits mots qui parlaient pour ne rien dire. J'étais sur la plage, hébété, ébahi, bouche bée, tout ça juste pour vous dire à quel point j'étais triplement surpris. Je remuai la tête et je dis : quelle ingratitude !

III

LECTURE III

L'Afrique est mon grand et beau village
Dans ce grand et beau village coule un long fleuve
Ce long fleuve serpente 54 grand pays,
Qui vont de A jusqu'à Z c'est à dire :
De l'Afrique du sud au Zimbabwé.
Et où on y sert gratuitement du rire
Chaque pays est le grand pont d'un pays
À un autre, où tout villageois y circule en toute liberté.

(Muän Mâ M'kayi)

La plage... mon plus beau voyage !

« Dans ce village qu'est devenue la terre, nous sommes, nous les membres des Nations Unies les garants de la liberté des hommes et de leurs droits, les garants de leur sécurité et de leur devenir, les garants de leur dignité et de leur promesse d'une paix universelle. »
— *Président Denis Sassou N'Guesso*
« Le véritable voyage, ce n'est pas de parcourir le désert ou de franchir de grandes distances sous-marines, c'est de parvenir en un point exceptionnel où la saveur de l'instant baigne tous les contours de la vie intérieure. »
— *Le petit prince de Antoine de Saint-Exupéry*

Sur la plage, assis sur du sable, mon imagination égarée vers l'Élisée, je viens de manquer un appel : celui d'un crabe qui se faufile sur le sable. Je suis frustré car les créatures de la nature ont toujours quelque chose à m'apprendre. Ce sont eux mes maîtres. Je sais qu'il revient bientôt, alors, je lui souffle : « *bonne journée à toi, belle créature, nous parlerons plus tard !* » Je sais qu'il reviendra : on y revient toujours sur la plage après un bain de mer ; je le vois plus tard, ça n'abandonne pas les voisins, un crabe, et ça ne vend pas ses origines, ça ne trahit jamais personne. C'est différent d'un opposant, un crabe : crabe reste crabe et moi je reste moi, fidèles jusqu'au bout lui et moi, liés par notre façon de traîner sur la plage : nous marchons tous deux à quatre pattes, bien qu'il en possède plus de quatre. C'est pour cela aussi que nous nous aimons, grâce à ce lien commun ; il n'a rien d'un humain certes mais il a l'air plus humain qu'un humain, il ne fait de mal à personne. Il se retrouve sur la plage comme tous ceux de ma génération et il mange de la boue, comme nous tous qui avions échoué ici, sur cette plage où je suis assis à ne rien faire. Solitaire, je pense déjà au moment où il revient, je sais que bientôt je ne serai plus seul. « *À tout de suite, joli crabe, prends soin de toi là-bas la marée est haute, fais attention, ne suis pas l'énorme vague !* » Je l'aperçois qui sort de son bain, je crois qu'il vient de finir. Le temps d'écrire son poème sur le sable, il sera bientôt là, à ma droite, deux bons complices et nous serons tous les deux assis sur cette plage côte à côte, sans murs ni frontières et nos silences parleront ensemble, lèvres cousues, yeux ouverts pour moi et lui...lèvres...bouche...carapace fermée et des yeux pétillants. Seules, nos âmes converseront, elles s'ouvriront sur des pages inédites que liront tous ceux qui n'ont rien, qui savent tout et qui marchent encore à quatre pattes. Il me manque, ce charmant voisin, j'ai hâte qu'il revienne, les crabes sont souvent porteurs de bonnes nouvelles. Chez eux le temps est toujours beau et la boue...bonne ! Tiens, je le vois qui s'approche, ses pattes écrivent encore sa dernière rime sur du sable, il sait que je l'attends, assis sur du sable moi aussi, et bientôt son silence soufflera à mon silence ses gentils petit vers. Dans sa marche vers moi, il s'étire. Un peu de sport ne fait de mal à personne, bien au contraire, il y ajoute juste un grain de santé, un brin de jeunesse, un rien de force et de beauté. Il sera essoufflé quand il arrivera, et affamé aussi, j'en suis sûr et certain ; après un bain de mer et une marche sur le sable de la plage sous ce soleil ardent, ça creuse et il sera même au bord des larmes, ça, rien à faire ! Mais il n'y a rien sur cette plage, tout est pollué, même la boue a l'air pollué aujourd'hui comme si on venait d'y jeter quelques liquides nocifs, oui on y a jeté quelque chose de pas bon ce matin sur la mer, alors, je n'aurai peut-être rien à lui offrir mais mon silence lui chantera à coup sûr cette berceuse de la conteuse Marie-Thérèse car, même quand on n'a rien, on a toujours quelque chose à offrir à ceux qu'on aime…oui, mon silence jouerait la musique Soul de « *Marie-Thérèse* » sur la plage ensoleillée, comme on jouerait celle de « *Aretha Franklin* »[3] dans les champs de coton :

Bikulilé muâné
Bikulilé muânamé
Katchilumbu tu kuendé
Kubwale bu menguelemé

Ne pleure pas enfant
Ne pleure pas mon enfant
Car un jour nous irons tous les deux
Au pays de tous les bonheurs

Et il l'écoutera dans le silence, sans rien dire, sinon un sourire qui fera naître dans son esprit l'espoir d'un futur radieux sorti d'un rien, d'une petite berceuse. Il est parfois bon de ne rien dire. Puis, viendra l'heure de dormir et nous nous souhaiterons bonne nuit en disant :

- Puisse la paix de nos silences nous entraîner jusqu'à l'aube où une autre bonne journée nous attendra avec des images positives d'un vrai amour !

---

[3] Aretha Louise Franklin, parolière, chanteuse et pianiste américaine (25 mars 1942-16 août 2018)

Nous préférons un pas avec le peuple que dix pas sans
le peuple.

— *Thomas Sankara*

N ous avons passé une nuit merveilleuse, le crabe et moi :
lui, il s'est levé tôt ce matin ; moi, je me prélasse encore
sur le sable doux de la plage. Tiens, le voilà qui revient.
Déjà ! Porteur d'un bon déjeuner pour son ami que je suis. Ah !
de la bonne boue, il en a quand même trouvé, je vais me régaler, il
sait trouver de la boue biologique, non polluée, on se partage tout
et rien lui et moi : le soleil et ses rayons avec ses couchers et ses
levers, l'air, la pluie, le temps, le sable, la mer, la lune, les étoiles, la
plage et on y veille tant qu'on peut pour que l'homme du pouvoir
et l'homme de l'avion n'abîment pas ces richesses naturelles, ce
beau patrimoine mondial. Hier, le crabe et moi regardions le ciel,
il y avait des milliers d'avions en l'air et lui m'a demandé pourquoi
construisait-on toutes ces routes dans le ciel dont le seul but est
de polluer l'air alors qu'aucune route ne mène aux plantations
des pauvres mamans qui attendent de sortir les produits de leurs
récoltes ? Cela m'a fait rire, quand je vois tous ces aéroports qu'ils
construisent pour rienutile comme l'avait dit un papa que j'ai
connu, alors il a bel et bien raison, mon gentil crabe ! Pourquoi

n'y aurait-t-il pas une route qui irait jusqu'à *Bulu Voka*, ce village derrière les arbres géants que j'aperçois là-bas, afin que Marie-Thérèse la berceuse puisse sortir son manioc de là et l'emmener ici où des milliers d'enfants réfugiés dans des camps meurent de faim ? C'est vrai il y a les routes impossibles et dangereuses mais cela ne suffit pas. S'ils pouvaient même construire une école pour ces enfants qui n'en ont pas, une vraie école où on ne tire pas sur les enfants... avec un petit syllabaire et un petit ordinateur, comme tous les enfants du monde... Pas pour moi, moi j'ai mon ami crabe, il m'apprend tout, regarde-le, il forme les premières lettres de sa poésie sur du sable. C'est un bon maître mon crabe et cette plage où j'apprends tout est une bonne école, pourvu qu'on ne la bombarde pas !

*Je ne suis pas vraiment libre si je prive quelqu'un d'autre de
sa liberté. L'opprimé et l'oppresseur sont tous deux dépossédés
de leur humanité.*

— Nelson Mandela

D'ici, j'entends résonner la voix d'autres enfants. J'entends battre le cœur des bébés quand je me tais. J'entends toutes ces familles qui attendent, coincées dans ces endroits qui doivent être ouverts afin que les enfants enfin libérés prennent leur envol. J'entends la famine haranguer de l'autre côté, là-bas, la foule constituée de ces hommes d'avion - *arrêtez de bombarder notre village, arrêtez de soutenir les opposants, les dictateurs et leurs partis politiques car vous le faites, non pas pour le but de nous aider mais pour votre propre intérêt, alors, arrêtez seulement s'il vous plaît ! arrêtez !* - Oui j'entends, j'entends, j'entends.

Cette nuit encore, je la passe sur la plage avec mon crabe : bonne nuit, fragile créature, demain viendra notre solution. Demain, personne ne trompera personne. Demain, nous aurons tous des yeux ouverts sur la planète : les yeux de la jeunesse car demain, nous serons un village de paix et chaque pays sera un pont pour nous mener librement d'un pays à un autre ; chaque villageois sera le passeur et le protecteur de son voisin. Oui, demain, sera un jour meilleur car demain, nous serons parfaits. Oui demain... demain!

Demain nous serons meilleurs et parfaits.

On ne peut empêcher le soleil de briller sur moi. On ne peut empêcher la lune d'éclairer mon chemin. C'est leur droit.

— *Muän mâ M'kayi*

Je ne sais si j'ai dormi. Ce matin, il s'est approché de moi avec une salutation - bonjour crabe, ai-je répondu. Il a commencé à s'étirer et j'ai fait comme lui, nous nous sommes étirés puis il s'est éloigné en écrivant des lettres d'amour sur du sable. J'ai passé cette journée dans un esprit de lumière et de joie. Je me suis couvert de sable chaud. C'était beau. Puis, je suis allé plonger dans la mer. Je me suis senti bien. Libre pour une fois de faire ce que j'avais bien envie de faire : prendre un bain de sable et un bain de mer…puis un bain de soleil et un bain de lune sur cette plage de mon beau village.

Rien qu'une musique : le silence

Les vagues sur le sable bercent la plage qui est mon unique demeure. Cette beauté maritime, sur laquelle je marche à quatre pattes depuis toujours, et où je communique avec le monde de l'enfance à qui j'envoie la fraîcheur de la pureté, a quelque chose d'unique : son silence. Je l'ai embrassé ce matin et, ce silence a réveillé en moi des profonds désirs de paix et de solidarité, je m'y suis baigné. Un souffle de vie m'a entraîné vers ces lieux où les enfants de mon âge se baignent aussi librement en buvant la connaissance de la nature, sûrs d'eux ils en sortent sains et saufs, main dans la main, pieds sur terre. Ils y plantent leurs racines et voient pousser leurs arbres qui donneront les fruits du savoir et de la sagesse. En silence, bercés par la musique de l'air sur les feuilles de leurs arbres, ils murmurent l'hymne de l'unicité de l'humanité, qui n'est rien d'autre qu'une rivière, unique au monde où…plutôt…dans laquelle…on devrait tous plonger, se baigner et suivre son cours avec le même objectif, pour en sortir UN, et affirmer l'Éternité. Ensemble dans le silence avec la musique des gouttes de pluie frôlant les feuilles des arbres je les vois danser dans le bonheur et s'y baigner dans la fraicheur de la nature. J'ai l'impression de parler comme une grande personne à présent, je suis sûr que les enfants de mon âge me comprendront. Je ne veux pas parler comme l'opposant au pouvoir, l'homme de l'avion ou l'homme du pouvoir, ce serait ridicule. Je veux juste parler. Ah !

si je pouvais parler comme… comme qui…à quoi bon, personne
ne parle mieux que l'enfance ! Je me couche à plat ventre sur
le sable, les yeux fermés. Le battement du sable bat mon cœur
à petits coups ; j'adapte son rythme à mon cœur et nos deux
cœurs battent au même rythme cadencé. C'est bien quand on
avance au même pas avec la nature et qu'on écoute le même son.
Crabe et crevette là-bas s'unissent en une danse joyeusement
improvisée. J'écoute le silence, lui seul est mon gardien cette
nuit-là. La lune éclaire toute la place. Un peu plus loin, hors de la
plage, un vent doux souffle timidement sur un manguier qui laisse
tomber trois belles mangues mûres et bien dorées. La crevette,
le crabe vont s'approprier ces fruits sucrés tout en remerciant le
manguier, arbre ouvert qui donne son produit à toute la création.
L'escargot traîne par-là. Le crabe, la crevette lui ramènent la
troisième mangue. Je cours vers eux et, assis sous le manguier,
je les regarde festoyer. Aujourd'hui, nous ne mangerons pas de
la boue. Ô belle providence ! Une autre mangue tombe juste
à mes pieds, je la ramasse et la savoure à belles dents. Puis, le
vent devient violent, l'herbe fouette mon visage. Je repars sur la
plage et me rapproche du silence. J'entre dans sa présence. Belle
transition. Il pleut. Les gouttes de pluie purifient mon corps et
leur mélodie berce mon âme. Dans son intimité. Je vais d'une
transition à une autre, d'une vie à une autre… une continuité pour
l'éternité ! Indestructible…comme des enfants qui se tiennent
la main et se réchauffent dans la chaleur d'un amour pur et sain
: qu'est ce qu'ils sont mignons quand ils s'aiment ainsi en se
touchant avec leurs petits doigts gesticulants ! Ils avancent vers
la rivière. Sous la pluie. Et sous l'eau de la rivière, ils voient le
visage de l'homme du pouvoir. Ils soufflent dessus. Il se brise. Ils
y jettent un petit caillou, il se fracasse et disparaît. Ils s'éclatent
de rire. La vie de l'homme du pouvoir est faite de fragments

qu'il forme lui-même et qui se brisent à chaque fois qu'il essaie de les mettre ensemble. C'est une vie constituée de mille pièces d'un puzzle qu'il essaie vainement de rassembler à chaque fois. Destructible. D'un côté, il y a eux : l'homme du pouvoir et son opposant, fragments de vie et pièces d'un casse-tête chinois qu'ils n'arrivent jamais à monter. De l'autre : nous, unis dans la même peine, dans la même tristesse, dans le même bonheur, dans la même musique silencieuse, dans la même chanson, sous le même soleil, sous la même pluie, sur la même plage, avec nos larmes nos maux de tête et un même espoir de vivre... Indestructible. Le fleuve qui coule sans s'arrêter. Et la pluie qui nous arrose... Trempés... jusqu'aux os... trompés... par des macros... mais plein d'espoirs derrière nos larmes d'amour ! L'enfance, c'est comme le fleuve qui coule... elle court l'enfance... c'est la lune qui éclaire la nuit obscure ; c'est le présent qui envoie ses projets et ses espoirs dans le futur. L'enfance c'est la prière africaine qui dit : *'Dieu, accorde longue vie a mon ennemi pour qu'il voit ce que je deviendrai plus tard.'*

* * *

Aujourd'hui, sur la plage de mon beau petit village, ce matin, j'ai trouvé un ongle humain. Il vient de loin. Tout le monde doit être occupé. Personne ne l'a vu. Aujourd'hui, personne ne voit rien ou alors tout le monde ferme les yeux à tout. Heureusement que j'ai les yeux ouverts sur cette plage où un vent glacial souffle sous un ciel gris. Il va peut-être pleuvoir. Il a plu hier soir. Va-t-il encore pleuvoir aujourd'hui, pleuvra-t-il demain... Je m'adapte à tout. Je suis ici sur cette plage, qu'il pleuve qu'il vente, je suis ici. Vous êtes là mais... Et moi, je suis ici mais vous n'y êtes pas. Pourtant, je suis dans vos esprits dans vos cœurs, je suis votre

voisin le plus proche. Êtes-vous à l'écoute ? Retrouvez-moi :
sur quelle plage ai-je échoué, avez-vous trouvé le danger qui me
guette ? Je vous appelle tout le temps…alors, dites-moi, où sont
partis tous ces milliers d'enfants qui ont fui la semaine dernière,
je vous interpelle tous et vous ne m'appelez jamais. Il est 1h11
sur la plage, il fait chaud maintenant, après la pluie le beau temps,
je suis tout nu, je marche à quatre pattes, le sable brûle mon corps
d'enfant, j'ai soif. Cherchez- moi et vous me trouverez, je vous
cherche chaque jour et vous vous cachez toujours ! Comme si
j'étais l'ennemi ! Pourquoi ? Je ne le sais, vous vous tenez loin
de moi, je suis là où vous m'avez abandonné, j'y suis ici depuis
que vous m'y avez laissé sans nourriture, sans abri, je n'ai pas
bougé d'un pouce…Tiens, une fois, quand l'envie m'a pris d'aller
à l'école mais il y a eu un coup de feu, je suis revenu sur la plage
et depuis, je ne l'ai pas quittée. Tiens, une deuxième fois oui c'est
vrai quand je suis allé dîner sous le manguier avec le crabe et la
crevette, ce soir-là, nous avons eu un repas délicieux aux mangues
mais je suis revenu sur la plage tout de suite après, à cause du vent
qui devenait violent et depuis, je suis ici, j'essaie de vous joindre
mais en vain ; et vous, quel effort faites-vous pour me retrouver
? Rien…Tous vos messages me parviennent ici sur cette plage :
les adolescentes enlevées, les enfants tués ici et là et les femmes
violées partout ailleurs, l'esclavage moderne, même les nouvelles
du ministre qui quitte son président après avoir rempli sa panse
et qui incite la jeunesse à l'aider à prendre le pouvoir à son tour.
Oui tout cela me parvient mais vous, lisez-vous mes messages ?
Hier encore j'ai reçu la menace de votre bombe nucléaire. Vous
explosez partout, même là où les enfants sont exposés. Quoi !
Suis-je votre ennemi ? Que vous ai-je fait ? Je viens tout juste de
naître, voyons ! Épargnez-moi vos querelles. Votre histoire ne
m'intéresse guère. Laissez-moi écrire la mienne, la nôtre. Vous

venez juste de tuer ma mère il y a à peine cinq minutes, alors tenez-vous tranquille, ne courez pas après moi, je ne cherche pas à me venger, bien au contraire, tenez, prenez ma main ! Amis ? Promis ?

·

Être libre, ce n'est pas seulement se débarrasser de ses chaînes. C'est vivre d'une façon qui respecte et renforce la liberté des autres.

— *Nelson Mandela*

L a liberté nous vient de toutes les nations. Du sang de l'homme au sein de la femme, mon cœur murmure et demande grâce.

Vous avez ma grâce, donnez-moi la vôtre. Mon visage brille d'amour, de paix et de pardon, que reflète le vôtre ? Voici ma tête de sainteté, où est la vôtre ? Donnez-moi une tête de repentance et un cœur d'humilité. Accordez-moi une place dans votre grâce ! De grâce, ne me la refusez pas. Regardez derrière et voyez d'où nous venons ! De loin... de très loin : de l'état sauvage à aujourd'hui. De l'esclavage à la colonisation. De la colonisation à l'indépendance. De l'indépendance à la dictature. Nous voici à un pas de la liberté. Baisserions-nous les bras ? Avions-nous fait tout ce chemin pour *rienutile* ? Tout ce long parcours ! Avez vous oublié ces aventures et ces batailles qui nous unissaient jadis ?

L'histoire n'oublie jamais rien : le présent pardonne mais n'oublie jamais son passé car c'est ce passé qui lui donne la force de s'améliorer pendant qu'il poursuit son cours de perfection vers le futur. Alors voici ma main. Encore une fois, qui que vous soyez, tendez-moi la vôtre.

Amis !

Promis !

Faites le bien, par petits bouts, là où vous êtes ; car ce
sont tous ces petits bouts de bien, une fois assemblés,
qui transforment le monde.

— *Desmond Tutu*

V oici, chers humains, mon dernier appel. Je suis sur la
plage où je ne suis qu'un battement, une pulsation, une
vibration et rien d'autre qu'une vérité constante qu'on ne
réduit à rien d'autre qu'une gifle, un crachat. Pourtant, les crabes,
les crevettes voire les escargots me prennent pour une beauté
à contempler, un art contemporain à étudier, un chef-d'œuvre,
une race pure et supérieure grandie par grâce. Dieu merci, ils
ne connaissent ni l'homme du pouvoir ni son opposant ni les
deux hommes de l'avion. Loué, soit le ciel ! Ils n'ont pas encore
entendu parler de ces quatre braconniers. Le crabe, la crevette
et l'escargot m'admirent en silence, me regardent droit dans les
yeux et écoutent ma voix musicale soufflant à travers le souffle de
notre âme. Je m'imprègne de leur silence qui n'est autre qu'une
fleur, un parfum de bonne odeur, une nuit étoilée, un rien de
pureté émergeant du corps de la nation d'un peuple de lumière
et, comme les abeilles bénissant leur travail dans la complicité de
la nuit, moi, je vous envoie chaque jour la lumière de mon silence,

la seule clarté de mon obscurité qui n'est rien d'autre qu'une pure dévotion pour préserver notre humanité dans l'amour. Allons ! Tous ensemble, sauvons la race humaine !

Je vous en supplie...

Je vous assure que je ne suis pas l'ennemi.

IV

Part Four

Rien que du jazz
Et du blues
À la Congolaise
Pour chaque villageoise

La rencontre

Le Congo, pourtant béni des dieux en ce qui concerne les
ressources du sol et du sous-sol, sait que la source de son
développement réside dans les hommes et les femmes de son
pays, surtout sa jeunesse, garant de son futur.
— Président Denis Sassou N'Guesso

S ur la plage, un passant m'a aperçu et, sans se retenir, il
est venu s'asseoir près de moi sur le sable et m'a raconté
son histoire : Il tirait tout le temps le filet avec son père,
sa mère, ses frères et sœurs. Il était tout le temps debout sur le
rivage et tenait tout le temps dans ses mains la corde du filet.
Son père avait tout le temps le filet dans la pirogue. La pirogue
glissait tout le temps sur l'eau salée. Elle s'éloignait tout le temps
au loin, au large, là-bas. Son père jetait tout le temps le filet à
l'eau et faisait tout le temps un grand demi-cercle, puis revenait
tout le temps sur le rivage avec l'autre bout du filet et allait se
tenir tout le temps à des centaines de pas loin de son fils. Alors,
sa mère, une sœur et trois frères allaient tout le temps rejoindre
son père de l'autre côté, et lui, restait tout le temps d'un côté avec
sa sœur et ses deux autres frères. Puis, tout le temps un moment
passait où ils n'attendaient rien. Ils utilisaient tout le temps ce
moment de non-attente à un bavardage inutile en parlant de tout

et de rien le plus souvent, de rien, et tout le temps au signal du père, ils tiraient tout le temps le filet sur le rivage. Ils passèrent toutes les nuits à jeter et à tirer le filet. Tout le temps. Avant toutes ces nuits-là, le père et la mère y avaient passé toute leur enfance, toute leur jeunesse. Chaque nuit, ils n'avaient eu rien d'autre à faire que jeter et tirer le filet et, pour tout butin, rien que quelques algues, quelques fougères et quelques petites sardines. Ils en mangeaient tout le temps deux ou trois, en vendaient tout le temps quatre ou cinq et réussissaient tout le temps tant bien que mal en un rien de temps avec un rien, à payer les études de leurs enfants. Ils vécurent ainsi, ce n'était pas bien mais c'était mieux que rien, ils étaient heureux ainsi, jusqu'au jour où arriva l'homme du pouvoir. C'est ce jour-là que le passant est né, me confia-t-il, il y a donc trente huit ans. Il a survécu grâce aux sardines et c'est aussi grâce à elles qu'il a pu atteindre de hautes études sans échouer et, après ces hautes études, la première fois où il a échoué, c'était sur la plage et depuis, il n'a rien fait d'autre qu'y jeter et y tirer le filet. Maintenant, il erre seul sur la plage avec une seule envie de traverser et aller là-bas loin, très loin d'ici car, il n'y a plus aucune sardine ici. Rien. Pas un fretin. Il préfère affronter la colère de la mer que de vivre l'oppression de l'homme du pouvoir. Il rumine et se tait dans son silence. Il n'a rien d'autre à faire. Il n'a rien d'une brute. C'est un intellectuel, et l'homme du pouvoir ne sait plus que faire de tous ces intellectuels qui poussent comme des champignons, alors, il les réduit à rien … à rien … et eux ne disent rien. Ils marchent en silence dans leur ministère de la misère où ils sont tous ministres diplômés sans porte-feuille.

- Chut, je sais tout ça, que je lui dis.

Il me regarde avec un rien interrogateur mais ignorant son air, je chuchote :

- Chut, j'étais là avant toi, rien ne m'est tenu secret.

Le passant a pris sa tête entre ses mains et a sangloté. Il avait vieilli dans sa souffrance. Un rien de confort l'aurait rajeuni. L'homme du pouvoir, lui, avait pris son âge sa force et sa jeunesse et lui, avait pris l'âge la faiblesse et la vieillesse de l'homme du pouvoir. Alors, il se mourait à petit feu. Sa seule raison de vivre, c'est d'aller là-bas vers ce lointain qui se trouve derrière la mer. Ce lointain inconnu.

Le sentiment

Il n'y aura pas de développement qui soit durable si notre planète n'est pas elle-même protégée des effets destructeurs de l'environnement.

— Président Denis Sassou N'Guesso

L'homme du pouvoir a visité la plage ce matin. Il marchait à deux pattes, pas sur du sable mais sur les nuages. Il marchait au-dessus de nous. Il ne regardait rien. Il n'écoutait rien. Ses yeux ne voyaient que l'étendue de la mer, ce pétrole devant lui et ses oreilles n'entendaient que le son des vagues, ce doux froufroutement des billets de banque. Son téléphone à l'oreille, il a dit en souriant : « *marché conclu !* » Il conclut son marché, marcha sur nous, cracha sur nous et repartit sans savoir que nous étions là et qu'il avait marché et craché sur nous après avoir conclu son marché. Son égoïsme et sa méchanceté écrasaient tout. Il avait parlé à quelqu'un qui était loin, très loin d'ici qui vivait là-bas où le passant allait risquer sa vie en défiant mers déchaînées, marées hautes, tempêtes et tornades pour y arriver. Le lendemain, la plage était souillée par une boue noire, pareille a du pétrole brut. Ce matin-là, j'avais trouvé le crabe, la crevette, l'escargot, inanimés, sur la plage. Je les ai pris dans mes bras et j'ai pleuré tout en essayant de les ranimer. J'ai essayé le bouche à bouche, rien n'y fit. J'ai senti une douleur aiguë dans mon cœur, comme si chaque sanglot que je poussais était un clou qu'on y enfonçait : sur les pieds, sur les mains, à la poitrine. On me crucifiait. On m'enlevait mon âme, mon sable, ma plage, mon crabe, ma crevette, mon escargot et une grande partie de moi-même. Je vivais comme toutes les mamans la peine qu'elles éprouvent lorsque le fruit de leurs entrailles leur est arraché brutalement, atrocement, horriblement, cruellement... Que dis-je ! Est-ce la même chose ? Tant mieux, méchamment. J'ai commencé à nettoyer la plage : il y avait de la boue, partout l'air pollué m'étouffait. Quelques survivants, de petites sardines échouées sur le rivage, ça et là, gesticulaient avec, de temps en temps, des soubresauts qui les élevaient du sable ; puis, elles retombaient, secouées par des hoquets de fatigue qui s'arrêtaient à l'approche d'un autre tressaillement ; et la douloureuse danse continuait, interminable. Des oiseaux tombaient du ciel comme des gouttes de pluie et s'affalaient sur le sable de boue. Morts. Moi, je me levai et allai à la recherche du message du crabe. Qu'écrivait-il sur le sable de la plage ? Rien d'autre que la beauté de cette place, rien d'autre que la pureté de ce sable fin, blanc...rien d'autre que la beauté d'un village paisible, puis, rien d'autre que ceci :

« Ni l'homme du pouvoir ni l'opposant au pouvoir ni les hommes de l'avion ne sont de la nature, ils sont tous loin du peuple et de son intérêt, ils se battent tous pour deux choses : la richesse et le pouvoir. Ils cultivent tous le même sentiment au milieu du peuple : un sentiment de haine. »

J'embrassai la philosophie du crabe. Que de grands mystères nous avions partagé ensemble avec nos mots et nos silences à travers nos écrits, nos paroles, nos chansons, nos danses et nos pensées ! J'espère que ce précieux moment passé ensemble scellera notre alliance et nous rappellera notre devoir : ce combat que nous menons, celui d'être toujours fidèle l'un l'autre dans cet unique amour éternel qui, sans aucun doute, nous emmène tous paisiblement vers une sincère fraternité humaine. Repose en paix mon beau petit crabe, et que le ciel te soit un meilleur lieu de repos !

Jazz et blues à la Congolaise

Quand le tam-tam frappe, on ne se proclame pas
meilleur danseur, on le prouve.
— *Ahmadou Kourouma*

J e balayais tranquillement sur la plage. Je nettoyais car il
n'y avait pas que la boue à présent, il y avait tout - sauf les
poissons et tous ces beaux fruits de mer qu'on ne trouvait
plus - Non, il n'y avait plus rien de tout cela. Que de la pourriture
comme nourriture, rien que de la pourriture pour nourriture !
Depuis le passage de l'homme du pouvoir, la plage avait beaucoup
changé. Elle était devenue un dépotoir. On y trouvait de tout :
du déchet humain au déchet animal, en passant par les ordures,
les excréments de toutes sortes : de la fiente, de la crotte, de
la chiure ; et ces dépotoirs, il y en avait partout : dans les rues,
dans les avenues, dans les sentiers, au bord des routes, sur les
places publiques, dans les marchés, derrière les écoles, les lycées,
les universités, les hôpitaux, les dispensaires, dans les rivières,
derrière les maisons et quelle puanteur ! L'air sentait mauvais,
l'homme du pouvoir roulait à tombeau ouvert, vitrines fumées et
fermées. Les odeurs cuites sous un soleil accablant et répugnant
faisaient monter une vapeur chaude et irrespirable. Personne
pour tout nettoyer. Je ne pouvais être partout à la fois : j'étais

sur la plage à quatre pattes, je me traînais ici et là. L'opposant au pouvoir, une fois de plus, claqua la porte à l'homme du pouvoir. Il dit qu'il en avait marre mais ça, on l'avait déjà entendu : ce n'était pas la première fois qu'il le disait. Il en avait eu assez une fois, voire deux ou trois fois. Il claquait la porte et revenait toujours frapper à cette même porte pour qu'on l'ouvre. Cette fois encore il venait de se faire remplir les poches, oui, quel fieffé malin ! Il venait encore de se faire quelques millions de dollars et se disait prêt à entamer une autre campagne contre l'homme du pouvoir afin qu'il devienne lui aussi à son tour un homme du pouvoir. Quelle inhumanité ! Une fois de plus, il embarqua la jeunesse démunie et naïve. Jusqu'à quand la trompera-t-il ? Et jusqu'à quand se laissera-t-elle avoir celle-là ! J'étais sur la plage, je vis passer tous ces jeunes devant moi : ceux de l'homme du pouvoir et ceux de l'opposant au pouvoir. Tous ces jeunes qui voulaient le changement. Je vis passer le passant aussi qui me salua de la main. J'essayai de l'arrêter pour lui donner le message du crabe je criai « *passant viens, j'ai quelque chose à te dire* », mais le bruit des deux avions dans le ciel, étouffa ma voix ; il n'entendit rien, il courut plus vite vers l'abîme. Les deux hommes de pouvoir avaient chacun un homme de l'avion. Les hommes de l'avion donnèrent des armes à l'homme du pouvoir et à son opposant, qui les distribuèrent à la jeunesse. La jeunesse de l'un tua la jeunesse de l'autre et vice versa, sans savoir qu'elle était une et même jeunesse et qu'elle se suicidait sans s'en rendre compte. *Pourienutile*. Prise au piège. Coincée entre l'arbre et l'écorce. Entre le marteau et l'enclume aurait été mieux, avec un moindre espoir de fuite de sortie mais entre l'arbre et l'écorce, rien à faire... coincer à vie. J'attendis sur la plage. Elle ne revint jamais, la belle jeunesse. Je voulais tout de même voir le passant. Il ne traversa pas la mer. Il avait suivi l'opposant et avait peut-être été tenu

JAZZ ET BLUES À LA CONGOLAISE

prisonnier par l'homme du pouvoir. Cette fois-ci, l'opposant fut arrêté et mis en prison pour quelques minutes seulement, juste pour tromper le peuple et, à sa sortie, il fut nommé maire de la ville. Quel jeu animal ! J'étais sur la plage, je nettoyais : c'était un dépotoir où on y trouvait tout : du déchet humain au déchet animal, en passant par des chiens galeux et des milliers de pauvres enfants squelettiques qui ne demandaient rien qu'un dollar par jour pour être nourris et soignés. Mais personne ne voulait rien donner. À part le pétrole, le diamant, l'or, le bois, bref, toutes ces richesses qui étaient déjà hypothéquées, il n'y avait plus rien d'autre à donner à ces pauvres enfants sur la plage qui avaient leurs ventres collés sur le dos. Comme si tout cela ne suffisait pas pour mener le peuple à moins que rien, une grande pluie tomba, l'eau coula et emporta tous les déchets qui se trouvaient dans les *Aero-dépotoirs* vers la plage. Elle emporta les habitations des peuples vers la mer. Puis, l'eau stagna. Une vague de moustiques sortit de là et leurs femelles attaquèrent les habitants qui, tant bien que mal, se débattirent et s'enfuirent pour échapper à la morsure. Les anophèles s'en prirent à tous les enfants qui étaient à plat-ventre, à plat-dos ou à quatre pattes. Quels terroristes, ces hommes d'avion, ces hommes de pouvoir et ces opposants au pouvoir ! Quels monstrueux insectes ! Le peuple dansait du jazz et du blues à la Congolaise...

Le Sacrifice

> Le canon tonne… les membres volent… des gémisse-
> ments de victimes et des hurlements de sacrificateurs se
> font entendre… C'est l'humanité qui cherche le bonheur.
> — *Baudelaire*

Une bombe a explosé sur la place publique, là-bas, au milieu de la foule juvénile. Elle venait de là haut, de l'homme de l'avion. Une autre bombe a explosé sur la place publique, là-bas, elle venait de là-haut. Elle a soulevé les jeunes et les a réduits en un feu d'artifice. Les étincelles, les miettes, les débris et leurs restes sont tombés dans la mer. Un vrai brasier. Aucun survivant à part le passant que j'ai vu venir vers moi. Il a été sauvé de justesse. Il s'avançait vers moi, pas à deux pattes, pas à quatre pattes mais en se traînant tantôt sur son dos, tantôt sur son ventre ou en se roulant comme un tonneau. Il avait perdu ses membres. Il me dit : « *kufua ya fua va momukubolè!* *Je suis déjà mort, il ne me reste plus qu'à pourrir !* » Il inspira : « *Te souviens-tu du bébé de Marie ?* » Il expira : « *Paraît qu'il avait pris nos souffrances et payé nos dettes, n'est-ce pas ?* » Il bailla. « *Alors pourquoi suis-je dans cet état ?* » Il pausa. Je lui dis : « *Le bébé de Marie se cache dans la crèche. L'homme est à sa recherche. Le bébé de Marie marche dans les rues inanimées et sur les plages*

94

désertes. L'homme ne sait pas qui est-il exactement, alors, chaque fois qu'il croise un bébé, il le tue. L'enfant de Marie est encore parmi nous. Il est encore dans sa crèche, dans le ventre de Maman. Marie le fait naître chaque jour. Il n'est pas encore monté au ciel. Il est l'un d'entre nous. Il est toi et tu viens de porter ta croix pour sauver les autres. Maintenant, voici venue l'heure de ta crucifixion. L'enfant de Marie vit à jamais. L'homme le tuera, il ressurgira toujours car nous sommes nombreux à porter le fardeau de l'humanité. Le bébé de Marie ressuscite à chaque seconde car Marie le fait naître chaque jour. Le bébé de Marie ne viendra pas du ciel. Il n'est pas encore monté là-haut. Il naît chaque jour parmi nous. Et Marie se fait tuer toutes les minutes. » Il toussa. - « *Je comprends* » dit-il.

Un peu plus loin la branche du manguier laissa tomber trois mangues mûres. J'allai les ramasser et revint près de lui. Je lui fis manger la première et j'en mangeai la deuxième moi aussi. Je posai la troisième sur sa poitrine en disant « *Tu porteras celle-ci à mon crabe.* » Il ferma les yeux et alla rejoindre des milliers de jeunes, de femmes et d'enfants qui comme lui avaient été crucifié après avoir porté leurs croix et qui l'avaient précédé bien des années auparavant.

Le silence

Le Congo est, en réalité, une terre bénie de Dieu...
— *Président Denis Sassou Nguesso*

Mon silence commence ce jour à cet instant même sur cette plage où mon cœur pleure le crabe, l'écolier, sa maman, le passant et tous les autres. Mon silence n'est pas d'or. L'or fait réveiller les mauvaises consciences, fait retentir des cris de douleur. Mon silence est précieux comme une douce berceuse. Il est brillant et enraciné dans la justice. Il rend muet le battement de mon cœur. Oh ! quel silence ! La mer est silencieuse aussi. Elle se purifie. Étouffée par une boue huileuse qui la tient prisonnière, elle ne mugit pas. Le fleuve couvert de sang l'évite. Honte. L'air ne siffle plus sur les feuilles des arbres pour la simple raison qu'il n'y a plus de feuilles. Le manguier est nu. L'air est… Il n'y a plus d'air, le souffle de l'eau qui le fait circuler parmi nous ne souffle pas… On n'ose plus ouvrir la bouche de peur d'avaler la pollution. La salive est amère. Sèche. Le silence m'enveloppe d'humilité, de compassion, de gentillesse de sagesse de connaissance. Chaque seconde devient divine et la lutte continue : silencieuse. Nous venons de loin, et nous avons lutté, lutté pour *rienutile,* sans aucune victoire, sans aucune prière exaucée, les yeux tournés vers l'adulte de la croix, alors que le bébé de Marie est assassiné sur nos plages chaque jour. Oh quel silence ! Sur la plage, j'observe le peuple muet, l'homme du pouvoir et l'opposant au pouvoir ; ils ont tous les trois le même guide et pasteur baptisé *l'homme de Dieu* qui les guide chaque jour vers l'adulte à la croix. Ce guide spirituel qu'ils ont tous les trois en commun ouvre la main à l'homme de pouvoir et à son opposant et ferme les yeux à leurs actions puis il ouvre les mains au peuple, ravit son maigre butin, ouvre ses yeux et le crucifie en le jugeant tout en profitant de sa misère et de sa faiblesse. Oh, quel silence ! Et il repart vers l'homme du pouvoir, élève sa voix vers son dieu - un dieu dont il ne connaît pas le nom - et le supplie pour que son homme de pouvoir soit reçu au paradis. Et il prie pour que l'opposant monte sur le trône. Et tout ceci se fait dans le silence. Il tire la vache des deux côtés et pire : il ne veut pas tuer la poule aux oeufs d'or. Il élève l'homme du pouvoir et son opposant. Oh ! quelle hypocrisie silencieuse ! Et il crucifie le peuple. Oui, c'est vrai, « *le Congo est vraiment béni de Dieu !* »

La prière du silence

Au ciel chaque jour je lève mes deux mains. Mes yeux
tournés vers l'infini je cherche le chemin
(Muän Mâ M'kayi)
Le soleil n'ignore pas un village parce qu'il est petit.
Proverbe africain

J e suis sur la plage, je viens de naître, je viens d'être ressuscité.
Des milliers d'enfants de mon âge viennent d'être assassinés
sous mes yeux pendant que l'homme de Dieu prie pour que
la porte du paradis soit ouverte à son maître. Moi je ramasse les
corps, je nettoie la plage, je secoue la tête, je dis : « *Ah ! s'il savait
que je suis ici, et que le grain de paix, je l'ai amené sur terre, et qu'il
nous faut tous le planter, l'arroser et le faire pousser ! Et que tant qu'il
n'y aura pas la paix sur terre personne n'aura accès au paradis !* »
Oh quel silence ! Oh mon silence ! Un silence aquatique. C'est
un bel ami d'une pure perfection, un ami original et paisible,
pardonnable et très amusant, facile à plaire et qui attire tout
le monde en son sein ; son rythme son souffle m'apprennent
de bonnes valeurs, cherchent à casser les murs les frontières, à
ouvrir les portails, prêts à nous entraîner au cœur de sa sagesse.
Il construit les ponts qui nous rapprochent et nous aident à
exprimer notre amour vis à vis des autres. Je suis sur la plage et

m'accroche à son sein pour atteindre un souffle pur et serein. Un souffle nouveau. Quel ami, ce silence ! Il est une colombe ; je me cache sous ses ailes d'amour. Rien ne m'éloigne de ce silence. Il est mon abri, la graine en mon sein qui me fait voler, mon espoir et ma rivière. Il est ce fleuve Kouilou dans lequel je me baigne chaque jour. Contents de ce nouvel ami, mon corps et mon esprit chantent à l'unisson. Puis, commence cette danse que dansent tous ceux qui sont morts à quatre pattes sur la plage, cette danse à laquelle je me mêle et, comme des serpents, nous glissons tous, nos corps se lovant sur le sable, et nous lui débarrassons de la pollution, afin d'assurer une vie saine aux générations futures. En un rien de temps, nous nous lovons tous.

La vue est belle et la vie splendide ou vice versa la vie est
belle et la vue splendide.
— Muän mâ M'kayi

C 'est la fin du deuil sur la plage. Il se passe une grande
fête sur le sable. L'image est magnifique. Le paysage est
splendide. Je suis la vie de la fête.

L'air frais et pur fait place à l'air chaud et puant. Blancheur et
beauté s'entremêlent. Une expérience subjective à vivre. Pensées
et vibrations en phase d'amour, en plein dans le bain, de l'air
pur pour nous tous, nous nous y baignons ensemble, la vie est
belle et bien rose avec une magnifique couleur verte, couleur du
cœur, un mélange de rose et de vert pour le manguier et les forêts
qui reprennent vie, vert de paix et rose d'amour pour attirer les
abeilles et obtenir d'elles leur miel pour les générations à venir,
couleurs du retour à la vie, cette vie qui nous revient, cette vie
qui est notre unique issue de sortie, le centre de nous-mêmes.
Assis à quatre pattes sur la plage, je contemple le soleil d'avant
l'aube.

J'arrive au point où je n'ai besoin de rien d'autre que de cette vie et de cette vie seule pour tous ceux qui sont à quatre pattes. Le silence est mon allié. Le passé avec l'homme au pouvoir a été ce qu'il a été : sucré comme une mangue, amer comme une noix de cola, sec comme un raisin pas mûr du tout ; il a eu tous les goûts pour tous les âges. Je me terre dans mon silence.

La saveur de la vie, c'est l'amour. Le sel de la vie, c'est l'amour encore.

    — Mariama Bâ, auteure sénégalaise (17 avril 1929-17 août 1981)

S ur la plage je perçois à présent la prose de la Mer, la poésie du Fleuve Kouilou. Et le chant d'un cours d'eau qui perce son passage vers le futur. Enfin !

Les lèvres sur mon visage dessinent un petit sourire radieux.

Je contemple le silence. Enfin !

Le silence est la seule science qui fait taire les armes...

Aucun bombardement... enfin !

Aucune larme... Enfin !

J'entends une prose, une poésie et un chuchotement d'amour

À l'embouchure !

．

« Les Africains possèdent la sagesse et les ressorts néces-
saires pour sortir des situations de guerre auxquelles ils
sont confrontés. »
— *Président Denis Sassou N'Guesso*

A u loin, le silence gagne du terrain… tout s'est tu… rien
ne parle ne souffle ni ne murmure… chacun est dans
une posture immobile… le silence a arrêté le temps
et l'action de toute une nation : dans les hôpitaux, dans les
marchés, dans les écoles lycées et universités, dans les rues…rien
ne bouge… personne ne commande et personne n'obéit… chacun
subit l'action du moment : pleure, plains, crie, gémis, souffre,
souffle, meurs de faim, de soif et de douleur dans le silence de la
solitude. Un silence insupportable… une solitude interminable…
le silence a arrêté le temps ; la souffrance s'étend ; la plainte se ride
et dans le vide le cri se déchire ; le pleur s'étire ; le gémissement
s'enflamme ; la mort s'installe, elle se régale ; la vie s'étouffe
et la douleur devient de plus en plus profonde… commune…
amère… rien à faire. Les policiers, les militaires, les soldats et les
délinquants armés, sans un sou, privés de leur salaire déposent
leurs armes, quittent leurs uniformes… nus eux aussi. Aucune
cible… rien à fusiller… aucune rébellion… à quatre pattes eux

aussi et paralysés par le silence, ils s'effondrent dans la misère du peuple... aucun ordre, aucun commandement. La voix du silence est la plus forte. Elle s'impose, et on lui obéit.

« Comme toutes les racines, celles des guerres sont
souterraines et donc difficilement perceptibles, con-
séquemment les conditions du maintien de la paix vont
plus loin que ne l'indiquent les causes immédiates des
conflits. »
— *Président Denis Sassou N'Guesso*

J e suis sur la plage. Là-bas, dans le palais présidentiel,
l'homme du pouvoir se réveille. Oh quel silence ! Il l'étouffe,
il s'étouffe ; il l'enveloppe, il s'emporte. Oh ! ce silence qui
le saisit, le lacère, le mordille, l'effraye, le rend acerbe, odieux, ce
silence qui l'attrape par la gorge, lui brise la main, le poignet, lui
casse un bras, lui pince le nez, enroule son cou, fait hausser ses
sourcils tout en pliant ses cils, et qui fait dresser les cheveux de
son crâne, oh ce silence ! Son emportement va du noir au rouge
puis du rouge au noir et il s'en prend aux blancs et aux noirs, aux
femmes et aux enfants. Drôle de silence qui fait battre son cœur
et secouer son corps puis le craquement des os et ce silence qui lui
donne un lourd bourdonnement du ventre…Son estomac braille,
gazouille, larmoie, son intestin craque : « *Arrêtez donc ce silence !*
» s'exténue-t-il. Personne ne l'entend, d'ailleurs personne n'est
là, alors, personne n'entend rien. « *Mais où sont donc ces gardes*

de mon corps ! » s'entête-t-il à crier à gorge déployée, l'air plein les poumons l'étouffe, les joues soufflent un vers désespéré aux lèvres lippues : « *Où êtes-vous voyons, où êtes-vous, bon sang ?* » Il marche et ses pas vont dans tous les sens à la recherche de…en tout cas de rien du tout car il rentre bras ballants dans toutes les pièces, en hurlant et en ressort les mains vides : rien à faire, personne dans le coin, comme si on l'avait jeté au milieu de la mer où aucune âme ne vit, aucun naufragé. Pour une fois, il est seul derrière les murs du palais présidentiel. Pris par la vague haute. Face à son destin ! Réalité oblige. « *Gaaaardes !* » s'égosille-t-il. Aucun garde à l'est, à l'ouest, au sud, au nord, personne à l'horizon, personne devant lui, qui va ouvrir le portail aujourd'hui, qui va faire couler son bain, qui va l'habiller, qui va attacher sa cravate, qui va lui servir son petit déjeuner, qui va l'emmener s'asseoir sur le pot, qui va enfiler sa chemise, qui va glisser sa ceinture sur son pantalon et surtout qui va le conduire à travers la ville où il a pris depuis des décennies l'habitude de se pavaner dans les grandes avenues qui datent depuis l'époque coloniale en haranguant les foules dans des lieux publics où les griots de sa tribu et de son parti gesticulent et font la grimace pour gagner quelques petits billets du Colon Français de l'Africain, ce franc CFA… Puis, il y a toujours ce silence qui lui bouche les oreilles, insupportable. « *Arrêtez donc ce silence !* » À qui le dit-il ? Sa mère n'est pas là, d'ailleurs, on ne l'a jamais connue, sa mère. Son épouse, femme de la vague, est repartie sur la plage, sa fille n'est plus là. Il pousse seul le portail du palais présidentiel et se retrouve dans la rue.

Et là, une gifle en pleine figure, des yeux surpris et un coup de poing en plein ventre.

Trois coups de théâtre et…

M…. !

Si nombreux que soient les travaux finis, ceux qui restent à
faire sont plus nombreux.
— Dicton bambara

J'étais sur la plage et je voyais l'homme du pouvoir parcourir les rues de son pays natal. Il n'en croyait pas ses yeux. Un air de jazz et de blues dans ses oreilles. À même le trottoir, s'étalaient des enfants de moins de quatre ans inanimés qui n'avaient même pas réussi à marcher à quatre pattes à cause du paludisme. Ah ! ces ministres moustiques ! Il ne savait où poser les pieds. Ils étaient des milliers et des milliers à former une chaîne qui s'allongeait et s'allongeait au loin là-bas, au très lointain et qui n'avaient plus rien, même pas leurs bras, même pas leurs mains, même pas leurs pieds, même pas leurs ventres, même pas leurs bouches, rien : un cordon d'enfants non corrompus, qui s'étirait... L'homme au pouvoir trébucha, tomba sur eux, se releva répugnant, pris par la nausée. Il tituba au milieu d'eux, il appela les ministres de la santé et de l'agriculture, il scanda leurs noms, ils n'entendirent rien, personne ne répondit. « *Où vous cachez-vous ?* » Trahi, il avait été trahi par sa famille et par ses amis! Il se souvenait qu'il leur avait donné la somme qu'il fallait pour soigner, pour éduquer, pour nourrir, pour sauver son peuple.

Il se souvenait qu'il avait distribué à tous, la part qui revenait à chaque commune, à chaque région, à chaque mairie, à chaque parti. « *Où êtes-vous ?* » demanda-t-il. *Trahison ! Répondez !* » Oh ! quel silence qui le toise, qui le croise et qui l'apprivoise, qui cogne sa tête, puis qui le regarde indifférent, puis qui se moque de lui, qui l'attrape et lui lie les mains, les pieds, lui bande les yeux, la bouche... il s'affale sur les enfants à quatre pattes qui gesticulent et qui l'aident à marcher à quatre pattes, lui aussi. «*Où sont tes roues?*» demande la voix du silence. Il se relève, honteux, court vers son fleuve qu'il longe en sautillant, mains et pieds liés, bouche et yeux bandés en trottinant, en faisant des bonds de grenouille. Trahison ! « *On m'assomme, j'assume ! On m'assomme, j'assume ! On m'assomme, j'assume !* » devient sa devise. Il se retrouve dans sa forêt, il arrive au pied de son manguier, déterre son cordon ombilical - est-ce le sien ? -, l'attache sur son cou, monte sur l'arbre fruitier, attache le bout de son cordon sur sa branche et se laisse pendre mais la souris grignote le cordon avant qu'il ne s'étouffe : ça grignote tout, cette souris-là. Il tombe dans le vide et plouf...dans le fleuve où les crocodiles, gueules ouvertes aux dents tranchantes l'attendent, langues pendantes, dans le silence. Oh ! quel festin silencieux ! Heureusement, quelques mains tendues de certains enfants qui avaient réussi à sauver leurs dix doigts et qui marchent toujours à quatre pattes sur la plage le rattrapent avant qu'il n'échoue dans la gueule du crocodile qui n'a qu'un seul désir : le réduire à moins que rien. Les enfants le sauvent de justesse avant qu'on ne l'assomme. Ils lui sourient. Il ferme les yeux de honte.

Soni mu mèsu tchimumalu kani ku téleme ve, comme dirait une grand-mère qui se tirait ce jour-là sur la plage...

La honte lui prend les yeux, heureusement, si elle lui prenait les pieds, il ne se relèverait plus jamais.

Il se relève tout de même. Il s'éloigne quand même...il diminue...il disparaît...Voilà donc ce qu'on devient quand on n'est plus président : on diminue et on disparaît...et l'opposant monte au trône...et ça recommence : la même chanson, la même danse.

V

LECTURE V

Écoutons leurs bonnes paroles, car nos leaders en ont,
eux,
Des paroles de sagesse
Mais n'imitons pas leurs actes, car ils en ont aussi, eux,
Des actes de vengeance.

Mon commando capitaine

J'ai vu mes présidents être acclamés, critiqués, trahis, torturés, humiliés, emprisonnés et même assassinés, après que nous les avons nous-mêmes élus.

— *Muän Mà M'kayi*

« *Du haut de la résidence présidentielle, assis sur l'une des terrasses principales qui offrent une vie merveilleuse sur le fleuve Congo, je me suis senti profondément touché par un spectacle pourtant régulier et monotone propre à l'Afrique noire, à toute l'Afrique tout simplement. Ce spectacle me bouleverse parce que, en tant que responsable politique et cadre de ce pays, le Congo, je me trouve directement concerné par ce que j'observe. Je ne suis pas dans l'arrière-pays, je me trouve à Brazzaville, capitale de la République Populaire du Congo. Je suis dans une ville des plus agitées de l'Afrique, une ville où, très tôt, dès 1963, les masses populaires ont osé braver les canons de l'impérialisme pour décider elles-mêmes de leur propre histoire, l'histoire de leur pays. Je suis à Brazzaville où, depuis bientôt huit ans, le socialisme scientifique n'est plus un vain mot, une doctrine inconnue de notre peuple, et mieux, de notre jeunesse intellectuelle dynamique et révolutionnaire. Mais ce spectacle me hante tellement aujourd'hui que je suis obligé de commencer d'écrire précocement l'expérience de notre Révolution, ce qu'a été notre Révolution, et ce que pourra et doit être notre Révolution.*

En face de moi, pendant que j'écris, il y a des femmes, des femmes paysannes qui sont là, depuis des heures, au bord du fleuve Congo, coupe-coupe et houe à la main, fatiguées mais laborieuses. Des femmes qui travaillent pour se nourrir, pour s'habiller, pour vivre, pour faire l'histoire du Congo, l'histoire d'une étape de notre Révolution, l'histoire d'une Afrique exploitée. Elles sont là dès les premières heures de la journée, avec tous leurs enfants et même leurs tout-petits enfants. Elles transforment la nature, elles créent, elles travaillent pour la production. Il y a aussi quelques hommes affairés pour la même besogne et tous ici, dans notre capitale, font bien partie de la paysannerie pauvre qui est la couche la plus importante de notre société. Je me suis rendu compte qu'il y a une grande différence entre ce que je veux et ce que j'obtiens, entre ce que je dis et ce qui se fait réellement ou concrètement. Et je me suis rendu compte et je me rends de plus en plus compte qu'il risque d'exister un vide entre les directives et l'exécution, entre la théorie et la pratique »

« L'unité nationale, la seule vraie, c'est la conjugaison des efforts de tout le peuple, à travers les neuf régions du pays, sur la base du travail en vue de l'augmentation de la production nationale. Et la paix sociale ne peut se maintenir que dans un contexte général de travail. »

Capitaine Marien Ngouabi (Fondateur du Parti Congolais du Travail, IIIème président de la République du Congo, du 1er janvier 1969 au 18 mars 1977)

.

« *Mu cher mu cher nawu serra wa yandji*
Mon cher, mon cher, c'est celui-là qui serre son ami ! »
Celui que tu appelles « mon cher, mon cher » eh bien, c'est
celui-là qui un jour te trahira.
Celui dont tu crois être l'ami devient un jour le traitre, l'assassin.
Mu cher mu cher nawu serra wa yandji, disait un grand-père que
j'ai rencontré un jour sur la plage. Ce n'était pas mon grand-père,
je traînais depuis des décennies à quatre pattes sur la plage, où
aurai-je un grand-père ? Ah ! comme j'aurais bien aimé avoir
un grand-père...l'amour d'un grand père, la joie d'un grand-
père, le bonheur d'avoir un grand-père, l'art d'être un grand-
père...Comme j'aurais bien aimé entendre le rire sonore d'un
grand père dans mes oreilles, sentir son pas feutré sur le sable
doux de la plage ! Un grand-père se lave-t-il dans la mer, nage-t-il
comme un poisson ? Que de choses j'aurais appris d'un grand-
père ! Tout grand-père est un grand poète. J'aurais bien aimé
le voir plonger dans l'océan-ciel avec moi...tous deux sous l'eau
sous les nuages ! Lui, il avait ses enfants et ses petits-enfants. Ils
l'appelaient Johnny. Il est vrai que, sur la plage, je devins un de
ses petits aussi puisque, de ce petit coin d'où je viens, il fut un
temps où tout le monde était le parent de tout le monde ; nous
avions tous, un même père, une même mère avec les mêmes
grands-parents, une même tribu, une seule et même région.

115

C'était une époque où l'on ne demandait jamais : d'où viens-tu, de qui es-tu le fils, comment s'appelle ta mère…Nous étions derrière un capitaine qui était le guide et qui nous emmenait tous paisiblement vers la Russie. C'était loin mais nous avions confiance en lui : il connaissait mieux que nous, il connaissait le chemin, il était le chef du bateau, nous étions son équipage ; à ses yeux, nous étions plus précieux que son œil ; sans nous, il ne serait pas capitaine, alors nous savions que nous allions y arriver, qu'il nous pilotait à bon port. Comment ? Ce n'était pas notre problème : nous avions foi en lui et en l'avenir, il était le maître du temps, le temps était son sous-capitaine, donc nous avions et le maître et le temps, et puis, nous avions père, mère, grands-parents qui vivaient longtemps, personne n'était orphelin. Alors, un jour, il y a bien longtemps, avant que l'homme de l'avion ne jette de la boue noire et tous ses déchets dans la mer, le grand-père Johnny venait y pêcher avec ses enfants : filles, garçons, et ses petits-enfants, ainsi que sa femme Sylvie, ses belles-filles et ses beaux-fils, car le grand-père avait huit enfants : six hommes et deux femmes donc six belles-filles, deux beaux-fils et une trentaine de petits-enfants, filles et garçons confondus, et cette grande foule venait sur la plage ramasser la sardine au temps où la sardine et les coquillages se ramassaient encore sur la plage. En ce temps-là, la vague blanche s'enroulait sur le sable blanc, apportant avec elle une baleine qu'elle abandonnait sur le sable propre avant de se retirer. Des enfants nus et joyeux entouraient la victime en lui souhaitant la bienvenue avec des cris de joie, des battements de mains et, pour remercier le gros mammifère du gros dîner qu'ils allaient avoir cette nuit, sous le clair de lune autour du feu, sous l'ombre d'un gros manguier qui ferait tomber ses fruits mûrs pour leur dessert, ils dansaient pieds nus sur le sable fin, doux et brillant. En ce temps-là, le soleil ne brûlait pas, il réchauffait les corps froids des grands-parents. En ce temps-là, il n'y avait encore rien, c'est vrai mais il y avait tout. Tout... à part la famine, la maladie, la guerre...Il n'y avait même pas le paludisme, sur la plage personne n'était carnivore, même pas l'anophèle. Il y avait tout ce qui était lié au bonheur, à la paix, à l'amour, cet amour du porteur de la croix pour le pêcheur Jean à qui il dit : « *Fils voici ta mère ; mère, voici ton fils.* » C'était l'époque où chaque fils était l'enfant de chaque mère et chaque mère était la maman de chaque enfant. *Rien*, était inexistant. Tout était déjà là. Personne ne savait encore que « rien » allait arriver, d'ailleurs, à cette époque, personne ne pouvait l'imaginer, tellement il y avait de tout sur la plage : les enfants, les petits-enfants, Papa, Maman, grands-parents, voire les arrières et arrières-grands-parents car nous vivions longtemps à cette époque. Nous venions de loin et nous allions encore loin, plus loin... la mort était très loin, là-bas, au bout de l'infini. Nous ne mourrions pas d'ailleurs, nous mûrissions. Mourir n'existait pas. Mûrir, oui. Il y avait toute la famille réunie et bien unie que rien ne pouvait séparer, liée par des histoires et des histoires et des histoires interminables autour du feu, sous un clair de lune... Ah ! que de belles histoires! Tout le village était là. Rien ne pouvait nous séparer : ni guerre civile ni guerre tribale. Rien ne pouvait séparer une mère de son fils, un père de sa fille et vice versa, rien. Sur la plage, l'air était paisible et la vie... belle. Elle n'était pas pénible comme dans d'autres endroits. Sur la plage, nous ne connaissions pas d'armes à feu. Nous n'en avions jamais vu. Nous vivions de pêche et de cueillette. Nous étions descendants de pêcheurs, pas de chasseurs; nous ne savions pas ce que c'était qu'un fusil. Sur la plage, nous mangions tranquillement nos sardines, nos coquillages qui n'en finissaient jamais et... Oh ! que de belles histoires autour d'un feu qui nous réunissait et nous unissait tous en un seul ! Que

d'histoires drôles ! Nous regardions la mer qui nous lavait, nous
nourrissait, nous entretenait, nous berçait et nous apprenait sa
sagesse, sa connaissance... Oh ! quelles histoires extraordinaires
elle nous rapportait chaque nuit, sous le manguier, au clair de
lune ! Mais parfois aussi des histoires tragiques et bien tristes que
personne n'osait raconter : celle de 1917, par exemple, le naufrage
du *Mendji* durant la première guerre mondiale, qui, persécuté
accidentellement par un navire marchand, coula en l'espace de
quelques secondes dans la Manche avec six cents un soldats noirs,
partis pour aider la France et qui perdirent la vie...Oui, à cette
époque, nous nous occupions plus des autres qui avaient des
problèmes sérieux : la France, par exemple, pour ne citer qu'elle.
Nous n'avions aucun ennui. Nous avions tout et notre tout était
tout bonheur tout honneur. Nous grandissions, bien nourris,
bien potelés, bien éduqués.

Nous allions donc tout le temps aider la France, cette ancienne
puissance coloniale, nous partions tous de nos plages, sachant
bien sûr que *mu cher mu cher na wu serra wayandji* mais, que
voulez-vous, la France est pour nous ce que le couteau du chasseur
est pour ce dernier, et vice versa, un couteau qui blesse mais
qu'il essuie et qu'il remet toujours dans sa gibecière car il en a
toujours besoin ; il s'en sert toujours au cas où, bien sûr car il lui
est toujours utile. Nous ne vivions pas au jour le jour comme des
crétins sur la plage, bien au contraire, nous vivions chaque jour
la joie d'un pas de plus vers un meilleur futur, qui ressemblerait
au *plus que parfait*. Mon dieu qu'est-ce que c'était parfait !

Pendant que j'étais là, à respirer cet air paisible, à vivre cette belle
vie sur la plage au milieu des familles unies entre elles en une seule
ronde autour du feu sous le clair de lune, savourant la mangue au

dessert après un dîner de sardines de coquillages et d'une sèche bien fraîche, là-bas du côté des lacs fleuves et rivières, au lointain là-bas, un homme allait changer le destin de l'enfant de la plage et cet homme était le cher ami de l'homme de pouvoir. Il n'était pas qu'un ami, il était plus qu'un ami, il était son frère, du moins c'est ainsi que l'homme de pouvoir le présenta à sa nation. Cet homme n'était encore rien à l'époque. Rien du tout. L'homme de pouvoir, lui, était « quelqu'un » : il était capitaine. C'est l'homme de pouvoir qui avait fait de *l'homme qui n'était encore rien... quelque chose*, afin qu'il devienne *quelqu'un* lui aussi. Le capitaine l'avait retiré du rien, et en avait fait un tout. Il l'avait pris dans ses bras et l'avait élevé, hissé au sommet. Il lui avait donné des ailes. Ah ! combien d'années j'avais attendu pour que quelqu'un puisse m'en donner, à moi aussi, quelques ailes, des ailes d'aigle pour pouvoir m'envoler haut, très haut au-dessus des nuages et vivre comme des anges…Quoi qu'il en soit, je vivais aux anges sur la plage. Je n'avais rien à envier à personne, j'avais tout, jusqu'à ce qu'on me retire tout pour me laisser là, seul et sans rien, avec rien.

L'homme qui n'était encore qu'un moins que rien à l'époque, un simple ambitieux, enviait l'homme de pouvoir qui était capitaine et qui avait l'admiration de sa tribu et le respect du peuple. L'homme de pouvoir n'était pas grand du tout, un petit bout de rien, disons, un petit bout de bois, mais il était commando, il voyait grand, il voyait aussi loin, jusqu'en Russie, plus loin même jusqu'en Chine, il avait le bras long, très long – il entretenait de bonnes relations avec le président cubain Osvaldo Torrado et son premier ministre Fidel Castro, il lisait l'auteur communiste argentin Che Guevara, il préférait Mao Tse Tung de Chine et Nikolai Podgorny de la Russie à Georges Pompidou ou Valery Giscard D'Estaing de France - la folie des grandeurs quoi, malheureusement il ne voyait pas tout ce qui se passait autour de lui. Et c'était ça son erreur ! Il voulait mener le pays vers le futur parfait et devenir le héros national, il était populaire comme le pays mais il ne savait pas que, près de lui, dans son entourage, dans sa tribu, de petits tisserands malins et ambitieux se faisaient déjà besogneux ; ils étaient à la tâche. Ils tissaient son malheur, celui de sa famille, de sa tribu et de son peuple. Ah! ce bel ambitieux, *cet homme qui n'était encore rien*, l'homme de pouvoir, mon capitaine l'avait et pourtant bien aimé, ses portes et fenêtres lui étaient grandement ouvertes, à qui ouvrirait-on portes et fenêtres si ce n'est à un frère ? Pourtant, il n'était pas son frère. C'est sur la plage que j'ai appris cela ; il n'était ni son cousin ni son neveu, juste un voisin éloigné et l'homme de pouvoir en avait fait un ami et quel ami ! Il lui avait appris à lire, à écrire, il lui avait même appris à manier une arme car, de ce côté lointain, là-bas, ils connaissaient les armes à feu. Il lui avait appris tout cela. L'ami ambitieux était le tonton des enfants de l'homme de pouvoir, c'est comme ça qu'on l'appelait : tonton gentil. Il était bienvenu à la maison, je veux dire au palais présidentiel où l'homme de pouvoir était locataire – et bien qu'il ne payât pas son loyer, il était tout de même propriétaire. Le tonton gentil entrait et sortait comme il voulait. Comme une araignée, il montait sa toile tout doucement, sûr de lui, il était le doux chou de la famille présidentielle : doudou, chouchou, bonbon, chocolat étaient des petits noms mignons qu'on pouvait lui attribuer. La première dame lui caressait la joue comme un petit enfant, lui tâtait la tête comme un gentil bébé docile, tout doux, tout mignon, un vrai agneau, et lui, timide, souriait et d'autres femmes autour de la première dame soufflaient entre elles : « *Regardez-le, il a honte comme une femme qui vient de vivre un premier baiser et quelle douceur !* » puis le doudou ruminait silencieusement comme un âne : « *Attendez, bientôt, vous saurez ce qui se cache dans la douceur d'une femme ! Bientôt vous serez surpris de ce que je vais vous faire vivre !* »

C'était une méchante hyène dans la peau d'un gentil mouton. Tout cela se passait loin de la plage. L'homme de pouvoir, le capitaine, tel était son nom et son grade, je m'en souviens, n'était pas un méchant, non, peut-être en voulait-il à ceux qui nuisaient à son pouvoir, à ceux qui s'approchaient de son trône, les tuait-il, sûrement, comme tout homme de pouvoir non démocrate à l'époque. Une chose est certaine, cela se passait entre eux là-bas, dans le palais où lui avait sa maison, une maison qu'il ne payait pas bien sûr et tout ce qui se passait au palais restait au palais, rien n'arrivait dehors. Les gens disparaissaient au coucher du soleil, Dieu merci on les retrouvait à l'aube, aucune inquiétude : dès le lever du jour, ils étaient là...morts et bien morts. Il réglait ses comptes à l'intérieur, avec la complicité de la nuit noire, pas avec le peuple, il ne s'en prenait pas au peuple mais aux autres, ceux-là qui s'approchaient de son palais. Pourtant, il n'avait peur de rien mon commando, il ne se méfiait de personne, il courait pieds aux chevilles et jambes aux genoux les avenues, les rues, les sentiers de jour comme de nuit, pas à la poursuite du temps à rattraper mais plutôt il allait voir si la joie de vivre était installée dans toutes les maisons. Sur la plage, on raconta même, qu'un jour, les enseignants étant entrés en grève, il prit sa bicyclette et, sac au dos, quitta son palais - on le prendrait pour un jeune footballeur ou un petit écolier - et alla enseigner aux futurs cadres à l'université qui portait son nom, seule université du pays et où tous les jeunes venus des neuf régions qui constituaient le pays allaient prendre gratuitement leur éducation. Tous quittaient père, mère, grands-parents, arrière-grands-parents et se retrouvaient dans la ville du capitaine pour bénéficier de son enseignement. Sur la plage on raconta aussi que les étudiants ne percevaient plus leur bourse depuis des mois parce qu'il y avait eu détournement de fonds par certains ministres – c'était une chose bien courante à l'époque, nous entendions tout ça de loin sur la plage - le capitaine, pénétré de soucis, sortit l'argent présidentiel de sa poche pour assurer un bien-être aux étudiants. On raconta plein de bonnes choses sur la plage à propos du capitaine et tant qu'il y avait la paix, la sardine et les coquillages sur cette plage, les gens pouvaient raconter ce qu'il voulait, tout ou rien sur le capitaine, l'enfant de la plage n'avait rien à voir là dedans il n'avait rien à envier, il mangeait les choses les plus chères au monde : fruits des arbres et des mers gratuitement ; il avait de merveilleux levers et couchers de soleil sur la plage alors pour lui la vie était belle, et la vue était splendide. Le capitaine était un homme ordinaire, un enseignant qui donnait gratuitement à cœur joie, un étudiant parfois, rieur et taquin, il n'était pas l'homme de pouvoir même s'il faisait partie de ceux qui se font appeler Président de la République. Il était un homme du peuple. Chez lui, tout était pour le peuple et rien que pour le peuple. Il était là pour nous servir et non pas pour se servir. La charité bien ordonnée pour lui commençait par les autres. Il s'intéressait peu à la mer, il ne l'aurait jamais hypothéquée, il ne l'aurait jamais polluée, peut-être ne connaissait-il pas les richesses qu'elle contenait, qu'importe ; il en soutirait quelque chose, bien sûr mais il s'intéressait peu à la richesse, il n'était pas cupide, capitaliste, non, il était communiste, il était le moins gourmand de tous. Enfant, il était pauvre, élevé dans la joie et dans l'amour. Sa mère, *Mama Mbualé*, qu'il présenta à tous comme une bonne Maman, fut pour lui une bonne éducatrice qui lui enseigna la bonne vertu. Cette dernière vit son petit rien escalader les escaliers de la gloire : *ce qui est à toi est à toi, ne verse jamais le sang pour arriver au trône*, lui apprit-elle, et lorsqu'il y arriva, sa mère n'en crut ni ses yeux ni ses oreilles, comme dirait grand-père Johnny. *Mama Mbualé* était aux anges : son beau petit bonhomme qui n'avait pas encore fini de grandir, un jeune nain de rien du tout devenu grand, elle le voyait haut, hissé à la tête d'un pays ! Elle dansa pieds nus au bord du lac où elle avait pêché le poisson pour le nourrir. Elle ne croyait pas qu'elle avait été le guide de celui qui allait être à son tour le guide de toute une nation. Quel exploit ! Elle remercia les ancêtres, elle pria pour son enfant et pour tous les enfants, pour elle-même et pour toutes les mamans : « *Dieu tout puissant, protège et guide mon enfant pour qu'il puisse mener tous les enfants vers un avenir radieux, qu'il soit pour eux un père et un frère et que toutes les mamans puissent avoir la bénédiction de voir un jour leurs enfants hissés à ce rang de gloire et de grandeur, afin que leur joie soit parfaite et égale à celle que j'éprouve en ce moment.* » Belle prière qu'elle adressa là-bas dans les cieux et que les nuages happèrent au passage. La mère du capitaine dansa encore et personne ne sut à quel moment elle quitta le lac et les ancêtres. Sa joie fut si immense qu'elle se laissa aller dans une méditation délirante.

Quant à nous, nous dansions libres et nus sur la plage. Nous dansions tout le temps, nous n'attendons pas un événement quelconque pour danser : *nous sommes un peuple d'ambianceurs,* comme le dit U'Tam'si, un poète de la mer que j'ai rencontré un jour sur la plage et qui traînait *clopin-clopant.* Nous étions nombreux : Enfants filles et garçons, père, mère, parents, grands-parents et arrière-grands-parents, petits-enfants filles et garçons. Je vous le répète, nous avions tout : les sardines, les coquillages, les crabes, les crevettes, les langoustes, la mer, la plage, les vagues, le soleil, la lune et bien d'autres bonnes choses ; tant qu'ils avaient leur pouvoir, là-bas, nous, enfants de la mer, ce n'était pas notre problème, nous n'avions pas faim nous étions heureux. Là-bas, à l'université, le capitaine enseignait à nos aînés. Il n'y avait pas le riche, il n'y avait pas le pauvre, là-bas, à l'université, les étudiants avaient une bourse, et le capitaine, comme toujours, s'assurait que tout allait bien dans cette université qui portait son nom. Pourquoi était-il si calme, si tendre, si bon, si amical, si étudiant, si humble, si modeste le capitaine ? Est-ce parce que l'université portait son nom qu'il fallait faire semblant d'être aussi bon, amical, humble, modeste ou est-ce parce que c'était un bon président qui voulait la justice, la liberté, l'égalité, la Chine, la Russie, le communisme et la philosophie de Karl Marx ? Voulait-il le bonheur pour tous ? Je me le demandais sans trouver la réponse. Je me suis posé les mêmes questions avec le crabe sur la plage. Pendant longtemps, j'ai cherché la réponse : pourquoi était-il si bon, si humble, si modeste, si étudiant, si amical le commando ? Une chose est certaine : nous étions unis. Sur la plage, nous ne savions pas qu'il pouvait y avoir plusieurs tribus, plusieurs régions dans un même pays. Nous ne savions pas qui était riche et qui ne l'était pas. Nous savions que nous étions un même peuple dans un même bateau où notre capitaine était le chef suprême, il l'était vraiment et nous, il nous appelait ses camarades. Il avait pour nous le même amour que l'homme à la croix avait pour tous ceux qui l'avaient cloué : un amour sauveur…Puis, un jour, comme s'il savait qu'il allait mourir, puis un jour, trahi par les siens qui l'avaient livré à l'ennemi, puis un jour, pour éviter que le peuple s'entretuât, puis un jour, afin d'éviter un bain de sang, puis un jour, pour sauver la vie des milliers d'innocents, puis un jour, après avoir longuement et mûrement réfléchi, puis un jour, au lieu de supplier comme l'homme à la croix envers son père : « *Père, si tu le veux, éloigne de moi cette coupe* » eh bien, ce jour-là, un jour bien malheureux comme il y'en a toujours un au milieu des jours heureux, ce jour-là donc, le capitaine, sentant sa mort prochaine, avoua : « *Lorsque ton pays est sale et manque de paix durable, tu ne peux rendre sa propreté et son unité qu'en le lavant avec ton sang.* »

Ce jour-là donc disais-je, *Mu cher mu cher,* le serra très fort. Si fort. Plus fort qu'auparavant.

Il fut assassiné le 18 mars 1977 dans sa résidence, c'est ce qu'on dit… Et ce jour-là, sa garde présidentielle ne fit rien, elle ne leva pas le petit pouce. Une autre version de l'histoire raconte qu'il fut assassiné hors de sa résidence mais ça, c'est une autre légende. D'aucuns dirent que ce fut un crime crapuleux. D'autres reconnaissent encore aujourd'hui que c'était odieux. *Mama Mbualé* battit les mains, leva les yeux bien ronds et grandement ouverts aux cieux et s'écria : « *Ô saint Dieu, que t'ai-je fait ? Réponds-moi, Saint Père, qu'a-t-il fait mon fils pour le laisser mourir ainsi comme tu laissas mourir le tien, réponds-moi ! Étais-tu jaloux de mon capitaine commando, mais réponds donc !* » Le saint-père ne dit rien. Le saint-père ne répondit pas

J'étais sur la plage. Avant, on ouvrait portes et fenêtres. Un petit rien faisait le bonheur de tous : un rien de beauté, un rien d'identité, un rien de clarté, un rien de démocratie, un rien de liberté, un rien de vérité, un rien de rien…un rien de temps. Un rien de tout. Puis, petit à petit, on a commencé à fermer les portes en laissant les fenêtres ouvertes pour la santé des narines…Et plus tard portes et fenêtres ont été fermées ; mieux vaut s'étouffer soi-même, se barricader, être derrière un mur, que d'affronter la réalité qui est là dehors, dehors où court ce petit enfant aux jambes maigres prêtes à se casser au moindre mouvement, dehors où se trouve ce petit enfant à la grosse tête prête à exploser à la moindre secousse, dehors où se meurt ce petit enfant au ventre ballonné prêt à éclater au moindre éternuement.

Sur la plage, le crabe me dit un jour dans sa poésie :

« Tous les murs finissent par s'écrouler ou par être cassés. Qu'ils soient construits en trompe de fer ou en artillerie de guerre, ils finissent par tomber. Et ceci grâce à la force de l'union. L'union, vois-tu, c'est la rivière, personne ne peut arrêter son eau de couler. L'eau de la rivière n'a qu'un seul objectif : aller dans la mer et devenir une vague énorme. »

* * *

On n'est pas orphelin d'avoir perdu père et mère, mais d'avoir perdu l'espoir.

Proverbe africain

Monsieur l'abbé

« Jeunesse congolaise, dans tous les pays, la jeunesse se met avant tout au service du peuple. C'est à dire qu'il doit être exclu qu'elle devienne l'instrument servile et aveugle des ambitions personnelles d'un homme ou d'un groupe d'hommes ; d'un groupe d'hommes sans perspectives et sans idéal. D'un groupe d'hommes uniquement animés d'intentions macabres. »
— Abbé Fulbert Youlou (Prêtre de l'Eglise Catholique Romaine, premier président de la République du Congo, de 1959 à 1963)

Jusqu'aujourd'hui encore, Saint André croit que c'est l'homme de la plage qui avait vendu la mer, il est mort en pensant que l'homme de la plage était un vendu…Mais moi, seul survivant de la plage depuis des années, je vais te dire une chose : l'homme de la plage n'aurait jamais vendu une mer que son enfant a admirée en foulant le sable fin lorsqu'il partait de Yanga à Loango après avoir admiré les Gorges de Diosso, et de Loango à Djindji en passant par Loubou. Un homme, né de l'écume de la mer, n'aurait jamais vendu une mer qui fut pour tous les enfants de la plage un lieu de travail et un parc d'attractions. Il n'aurait jamais vendu une mer qui était l'unique source d'inspiration de tout un peuple. Il n'aurait jamais vendu une mer qui était l'unique mère nourricière de toute une nation. Il n'aurait jamais vendu l'héritage de ses enfants. Non, l'homme sorti de la bave de la mer n'aurait jamais fait ça, l'homme de l'écume n'aurait jamais trahi personne. Un enfant de la plage ne trahit jamais personne. Un enfant de la plage travaille toujours avec tout le monde pour donner son point de vue à ce qui ne marche pas mais il ne vend jamais personne. Un enfant de la plage est toujours présent pour voir où il peut intervenir afin d'éviter le pire ; le plus souvent, on ne l'écoute pas mais tant mieux, mais un enfant de la plage ne prend jamais les armes. Il ne détruit jamais. Il construit. Il a horreur du bain de sang, surtout quand il s'agit du sang de son peuple. Il peut battre son *Ngoma* c'est à dire son tamtam, en faisant tinter ses *Louis* d'or comme *Sylvain aux yeux verts* dans les forêts mais il ne trahirait jamais personne. L'homme de la plage n'aurait jamais vendu la plage mais saint André arrivait toujours sur la plage en ruminant : « *Il faut qu'on reprenne ce pays qu'on a remis à Monsieur l'abbé.* »

En fait, Saint-André délirait. Un jour, il disait une chose. Le jour suivant, il disait une autre. Et le jour d'après, il ne disait plus rien. Et le jour qui suivait le jour d'après il ruminait et il délirait. Et quand il allait à l'église car il y allait tous les dimanches, il soutenait monsieur l'abbé parce qu'ils avaient quelques points communs : ils étaient tous deux catholiques. Chrétiens baptisés, ils commémoraient et perpétuaient ensemble le sacrifice du Christ. Lorsqu'il venait à la plage, je ne pouvais m'empêcher de lui demander :

- Pourquoi vas-tu à l'église ?

- J'y vais prier pour le président de la république, répondait-il, c'est à lui que Dieu a donné le pays après l'homme blanc et sais-tu pourquoi ? Parce qu'il a un cœur blanc, tous les autres politiciens ont le cœur noir.

Et un jour je lui ai dit :

- Ne sais-tu pas que tous les Blancs ont le cœur noir et que tous les Noirs ont le cœur blanc ?

Il a crié :

- Blasphème ! Blasphème !

Ah ! Saint André ! Bien qu'il accusât l'homme de l'écume d'avoir vendu la mer, il a toujours cru que son abbé avait été envoyé par Dieu pour diriger le pays. Qu'importe s'il avait quitté l'église, qu'importe s'il avait déçu le pape, il bouchait même ses oreilles quand on disait que son abbé était polygame. Blasphème! Blasphème! criait-il, qu'importe si son abbé portait toujours sa soutane en faisant de la politique, qu'importe s'il assassinait car, chez lui aussi, les gens disparaissaient la nuit et le matin, ils n'étaient plus là. Blasphème! Blasphème! s'égosillait Saint André, qu'importe s'il voulait un parti unique. D'ailleurs, où est le mal, vociférait-il. Le fils de Dieu n'avait-il pas lui aussi un parti unique ? Qu'importe que la femme du général de gaule ne l'aimât point parce que c'était difficile pour elle d'avaler un prêtre président polygame, qu'importe ! Qui est-elle pour juger ? Qu'importe, pour Saint André il était l'homme de pouvoir et pour lui tout pouvoir venait de Dieu, surtout parce que, d'après lui, c'est l'homme blanc qui l'avait placé là et l'homme blanc, c'est le dieu sur terre. Alors, pour Saint André, qu'importe que je lui dise : mais tu te trompes, l'homme de pouvoir n'est pas l'envoyé du ciel. Blasphème! Blasphème! Qui d'autre, crois-tu, dirigerait ce pays après le blanc si ce n'est un homme de Dieu ? L'homme blanc sait ce qu'il fait : vois-tu, au Sénégal, c'est Senghor, un homme de Dieu, qu'ils ont placé là-bas, et tu verras : tant qu'ils respecteront leur envoyé, il n'y aura jamais la guerre là-bas, crois-moi ! Si vous chassez l'homme de Dieu, la malédiction s'abattra sur le pays.

Alors soyez patients jusqu'à ce que Dieu lui-même en élève un autre parmi nous.

Et lorsqu'on chanta sur la plage, que son abbé avait tout volé, il devint fou et n'arrêta plus jamais de dire : Blasphème! Blasphème! Il divorça d'avec sa femme parce qu'il en avait marre. La vie avait perdu sa raison d'être, alors pourquoi vivrait-il ? La vie n'avait plus aucun sens alors à quoi bon… Elle ne valait plus la peine d'être vécue… Alors pourquoi vivre pour *rienutile* ? La vie n'est qu'un bol d'air pollué qui m'asphyxie, une bouffée d'air qui m'étouffe, cria-t-il ! Il ne crut plus jamais en la politique parce qu'il n'avait plus foi en rien, sauf en l'enfant de Marie qu'il appelait l'agneau de Dieu. La politique devint pour lui un jeu dangereux où des adultes inexpérimentés se jetaient des coups bas. Son abbé fut chassé du pouvoir après trois ans de règne. Il s'exila.

-Le train a quitté les rails, hurla saint André, le train a été décapité, retrouvez la tête du train, recollez le train avant qu'il ne soit trop tard ! J'entends encore siffler la tête de la locomotive, ramenez-la avant que le ciel ne nous envoie les malédictions de toutes sortes ! Faites revenir la tête de Dieu !

Mais vite, on tourna la page. Il eut beau crier :

- La voix du messie a retentit depuis l'occident. L'abbé crie depuis le pays de la neige : faites attention, la guerre va s'abattre au pays, la Chine arrive au galop, il y aura cinq ans de tâtonnement, huit ans de palabres internes, deux ans de vols et de mensonge, 13 ans de massacre, cinq ans de pillage et de vengeance et des années de viols. Il y aura des enfants-soldats, on se retrouvera sans abris, on traversera le fleuve à la nage pour se réfugier de l'autre côté et puis, ça sera la famine, la maladie, la sécheresse, le chaos… Vous ne marcherez plus par patrie ou par nation mais par tribus, par clans, par partis, par petits groupes clandestins, par individus, vous serez traqués. Vous règnerez pour vous venger, pas pour guider le peuple, c'est la voix de celui qui s'est exilé. Je vous avais dit qu'on n'aurait pas dû, on n'aurait pas dû ! J'étais sur la plage. On chassa l'abbé à coup de bâtons. Certaines de nos sœurs et Mamans allèrent même plus loin : elles soulevèrent leurs jupons et maudirent l'envoyé de Dieu. Jamais humain n'avait été aussi humilié. La chanson que la masse chanta sonna faux dans mes oreilles. Qu'avait-il pu voler en trois ans ! Jamais on n'avait chassé le colon de la sorte. Soixante-dix ans de colonisation et jamais on ne l'avait pourchassé dans les rues de la capitale en hurlant : *le colon a tout volé* ! On se débarrassait de lui comme on se débarrasserait d'une vermine. L'élu de Dieu fut chassé de son église, de son palais, de son territoire. On le lapida comme on lapida son frère qu'on avait crucifié. Qu'aurait-il pu voler en trois ans ? À cette époque, personne ne construisait de château ni ne collectionnait de voiture luxueuse. À cette époque, le luxe était absent. À cette époque, on mangeait écologique: il y avait de la sardine, des coquillages, des chenilles, des champignons qu'on ramassait un peu partout... À cette époque, tout était à la portée, rien ne vous coûtait les yeux de la tête mais qu'aurait-il pu voler en trois ans ? À cette époque, sa mère, ses sœurs, ses fidèles et tous ceux qui croyaient qu'il était le messie lui envoyaient le manioc, les *safous*, les criquets, les sauterelles du village. À cette époque, il n'achetait rien à part quelques soutanes, qu'il faisait confectionner par les plus grands couturiers français. À cette époque, il voulait juste faire un peuple uni, une nation unie dans un parti unique et puis, s'il avait tout volé, la mer était encore là, il y avait encore tout, on ne manquait de rien. Je me souviens que, non loin de là, il y avait un fumier que les enfants appelaient « *la fumée* », ce dépotoir où les grands magasins allaient jeter les produits de la semaine qui n'avaient pas été vendus : boîtes de conserve, bonbons bien emballés dans leur plastique, fromage, et même des boîtes du bébé hollandais… et des tablettes de chocolat! On mangeait encore bien, à cette époque. Aujourd'hui, je me demande encore ce qu'il avait bien pu voler à cette époque. Il y avait encore la simplicité et la noblesse des hommes. À cette époque, je me demande ce qu'il avait vraiment volé ! Quand il s'exila, il n'avait rien, rien d'autre que sa soutane. Je me demande bien s'il avait réussi à amener avec lui femmes et enfants. C'était la France qui le nourrissait pendant son exil. Quand il s'est exilé, nombreux ont pensé qu'il allait revenir aussitôt ; il n'est pas revenu puis il est mort en exil. Nombreux l'attendent encore comme ils attendent celui qui est mort sur la croix. Ils l'attendent en servant l'homme de pouvoir. Je suis sur la plage et personne ne m'attend, alors que je suis déjà revenu.

Je ne vis plus Saint André sur la plage. Arrivé chez lui, ce jour-là, il se lava longuement, se parfuma, porta des habits neufs et blancs, s'allongea de dos sur son lit, sa bible ouverte à plat sur son ventre, ses deux mains sur sa poitrine il s'endormit comme un blanc. Le matin, on le trouva sans vie, la bouche ouverte, priant :

« Père pardonne-leur car ils ne savent pas ce qu'ils font ! »
Il avait mûri.

Mais derrière cette prière on entendait encore l'écho de sa voix :

« Blasphème, blasphème ! Ô scandale ! »

Le débat de M. l'instituteur

Priez pour ce dont vous avez besoin, mais travaillez
toujours pour ce que vous voulez.
— *Citation nigériane*

« *S'il pouvait se trouver un frère particulièrement doué, un artisan plus
intelligent, plus dynamique, plus expéditif pour réaliser rapidement
notre bonheur en un temps record, quelle ne serait pas notre joie !
Ce citoyen, cet artisan génial existe très certainement. Je lui enjoins
alors, très fraternellement de ne pas céder à sa modestie en se dérobant
devant la tâche de salut de notre pays. Il trouvera toute notre aide. Il
lui suffit de s'annoncer, je me ferai un agréable devoir de le présenter
au prochain meeting populaire d'abord, l'entérinement officiel par les
voies normales pouvant intervenir après les fêtes. Civil ou militaire,
tout ce que nous demandons ce n'est qu'un frère mieux doué, plus
apte à sortir notre pays de son sous-développement dans un temps
plus rapide que nous n'avons pu le faire, nous, voici cinq ans. Si le
frère est civil, il éviterait en acceptant cette proposition, la grande
gymnastique intellectuelle de toujours faire des calculs pour se bâtir
une influence alors qu'on a besoin que de ses talents exceptionnels.
Militaire, il éviterait d'entraîner notre belle armée dans la situation
inconfortable, humiliante même du coup d'état militaire, avec ce que
cela comporte de remords d'avoir usurpé le pouvoir par la force, alors*

que le peuple ne demande que le bonheur que tu es très capable de lui donner. Voyez donc, cher frère, combien votre tâche est facilitée et vous pouvez maintenant avoir un sommeil doux, le sommeil d'un honnête citoyen qui a le courage de servir son pays où routes, ponts, écoles, dispensaire, développement économique et industriel n'attendent que les talents d'un bon bâtisseur.

Et vous l'êtes ce bon bâtisseur ! »

— Massamba Débat
(IIème président de la République du Congo de 1963 à 1968)

* * *

Il n'y a pas eu débat. Une plainte sans aucun doute mais pas de débat. Le nouvel homme de pouvoir n'était pas venu là pour un débat. Peut-être pour un dialogue, disons un nouveau dialogue dans un nouveau langage mais pas un débat. Toute sa vie a été un débat, son nom même est un grand débat. En voulait-il un autre ? Je ne pense pas. Il n'a pas quitté l'enseignement pour venir faire un débat politique devant des gens qui se débattaient comme des requins pris dans le filet d'un Béninois et prêts à être expédiés à Porto Novo. Ils veulent tous, aller au sommet, à la tête, sur le trône. Un trône pour tous, tous pour un trône. J'étais sur la plage je regardais le filet remplis de ces poissons sélaciens qui gesticulaient, bouches fendues en arc en levant leurs têtes, des yeux brillants, têtes cupides et impitoyables, affamés et assoiffés de pouvoir. Je ne comprends toujours pas ce que les hommes vont chercher là-haut sur le trône : qu'est-ce qui les attire ? Je me le demande ; il faut peut-être qu'un jour j'essaie de me glisser dans leur peau pour le savoir mais une chose est certaine : ils exagèrent quand même, ils sont tous dans un filet où chacun essaie de se retrouver au-dessus des autres et, lorsqu'un seul est à la tête, les autres commencent aussitôt à lui placer des coups bas sans dialogue ni débat et l'enseignant qui était sans doute un parent éloigné ou un voisin proche de monsieur l'abbé et qui avait compris son message ne s'est pas arrêté de chanter pour écarter les mauvais esprits qui engageaient un débat politiquement incorrect. De la plage où j'étais assis à même le sable je pouvais l'entendre : « *En ce jour le soleil se lève et notre Congo resplendit.* » Le peuple l'écouta. Il s'approcha pour mieux l'entendre, mais pas le politiquement incorrect. Ce qu'il voulait, lui, le politiquement incorrect, c'était prendre la place de M. l'instituteur sans lui laisser le temps de dire au peuple « *une longue nuit s'achève, un grand bonheur a surgi.* » Le peuple s'approcha mais pas le politiquement incorrect qui, déjà, mugissait pour que le peuple n'entende pas l'invitation chaleureuse de l'enseignant: « *Chantons tous avec ivresse le chant de la liberté !* » Le peuple chanta en chœur avec lui mais pas le politiquement incorrect qui voulait coûte que coûte empêcher le peuple d'écouter ce bon message d'un enseignant ordonnant à ses élèves : «*Congolais, debout vaillamment partout proclamons l'union de notre nation!*» Le politiquement incorrect n'entendait pas cela d'une bonne oreille : « *l'union de la nation* », qu'est ce qu'il en avait à faire? Mais le peuple embrassa avec joie le message en chantant plus fort « *oublions ceux qui nous divisent soyons tous unis à jamais vivons pour notre devise unité travail progrès.* » Le cœur du peuple s'éleva, il jubilait pour ce message de paix plein d'espoir. Les enfants se tenaient la main. À la ronde. Un chœur à l'unisson: « *Des forêts jusqu'à la savane des savanes jusqu'à la mer, un seul peuple une seule âme, un seul cœur ardent et fier luttons tous tant que nous sommes pour notre vieux pays noir.* » Le peuple était à la fête mais pas le politiquement incorrect qui voulait écarter l'enseignant et prendre la tête du pays pour qu'il règne en divisant. L'enseignant quant à lui, qui voyait venir cette division, entonna aussitôt le refrain de tout cœur : «*Et s'il nous faut mourir en somme qu'importe puisque nos enfants, partout pourront dire comment on triomphe en combattant, et dans le moindre village chantons sous trois couleurs.*» De la plage, je vis flotter le drapeau vert jaune rouge haut dans les cieux mais pas le politiquement incorrect qui, lui, avait d'autres ambitions : au lieu de chanter comme tout le monde il gesticulait comme ces mangeurs d'hommes dans leur filet. Son but, c'était de hisser un autre drapeau et d'entonner un autre hymne. L'enseignant qui avait appris à éduquer les élèves mais pas les politiciens, ne sut quoi faire. Il sentit les démangeaisons, plein le cœur, sur tout le corps, sur sa peau, sur ses os, dans son sang. Alors, il commença à se gratter. Le politiquement incorrect lui demanda :

- Que fais-tu là ?

- Je me gratte, répondit-il.

- Attends, nous allons t'aider.

Et ils se mirent à le gratter. Ils étaient quatre. Quatre amigos intellectuels. Ils le grattèrent intellectuellement de la tête aux pieds, de la chair aux os jusqu'à la moelle épinière. Il n'en pouvait plus, lui, l'enseignant ; il saignait et, comme il ne voulait pas de débat, il démissionna en abandonnant le peuple qui s'était égosiller à chanter avec lui le chant de la liberté. Le peuple ne comprit pas que l'enseignant l'avait mis en garde contre ce qui arrivait au galop dans les années à venir en lui faisant apprendre les paroles de son hymne. Les quatre amigos intellectuels qui avaient fini de gratter la peau de l'enseignant réussirent, avec d'autres qui, bien entendu, devinrent la tête, à faire du peuple un terroriste, un violeur, un pilleur, un soldat. Le peuple exécuta l'ordre du politiquement incorrect. Il oublia le message de l'unité.

Il fit de son frère et de son voisin un ennemi. J'étais sur la plage lorsqu'il embrassa le message du politiquement incorrect, cet ambitieux qui voulait lui aussi à son tour devenir l'homme de pouvoir. Ils sont fous, ces politiciens. Ils croient que la vie du peuple se résume à leur jeu qu'ils appellent : «à qui le tour?» L'autre, cet ambitieux au pouvoir, se leva, tenant un gros marteau dans sa main droite et délivra son message : «*Lève-toi, patrie courageuse, toi qui, en trois journées glorieuses, saisis et porta le drapeau pour un Congo libre et nouveau qui jamais plus ne faillira que personne n'effrayera – Nous avons brisé nos chaînes, nous travaillerons sans peine, nous sommes une nation souveraine – Si trop tôt me tue l'ennemi, brave camarade, saisis mon fusil et si la balle touche mon cœur, toutes nos sœurs se lèveront sans peur, et nos monts nos flots en fureur repousseront l'envahisseur... Ici commence la patrie où chaque humain a le même prix. Notre seul guide, c'est le peuple ; notre génie, c'est encore le peuple, c'est lui seul qui a décidé de rétablir sa dignité...*» Et il lança : «*Tout pour le peuple, rien que pour le peuple*» qui résonna comme s'il avait dit : « *Tout pour nous, rien pour le peuple !* » J'étais sur la plage, je remuais la tête : que de mots, que de mots, que de mots ! Ah ! la politique, un grand débat que ni l'abbé ni l'enseignant n'a pu débattre ! Après avoir chassé le messie, le prophète du peuple, élu de Dieu, ils s'en prirent à l'enseignant, l'éducateur de la nation. La plage était calme. Il n'y avait que moi sur le rivage. Les sardines jouaient à saute-mouton sur la surface de l'eau. J'avais l'impression que c'était leur dernière jouissance sur la plage. Ils n'auraient même pas le temps de jouer à cache-cache, sinon où se cacheraient-elles ? Bientôt, on entendrait siffler les balles, alors, on se demanderait « *quels sont ces serpents qui sifflent sur nos têtes* » et, lorsqu'on s'apercevrait que, ce sont les dents de requins qui grincent sur nos têtes, ce serait déjà trop tard: l'assassin sur son sein aurait déjà eu le temps de sucer tout le sang. Oui, c'était leur dernier jeu, à ces pauvres sardines : bientôt, elles seront toutes exterminées car, à l'allure où les quatre amigos s'étaient levés, il fallait s'attendre à une autre république, donc à un autre mouvement. Disons au pire. Le pays allait prendre un autre tournant, et le peuple allait subir un autre destin. Les guides de la nation allaient être les quatre intellectuels, avec à leur tête leur chef, dont on ignorait encore l'identité. Il me fallait attendre le moment venu pour que le nom du guide suprême me soit révélé. Les quatre intellos ne proposaient rien au peuple. Ils avaient leur plan, je les voyais venir. Ils seraient récompensés de leurs efforts. Ils occuperaient des postes ministériels à vie en signe de reconnaissance. À les voir à les entendre et avec cette façon de faire, ils n'avaient aucune allure présidentielle. De nos jours, oui, tout le monde en a une mais à cette époque, non, ils n'avaient aucune carrière présidentielle. Et puis, ce n'était pas des gens qui tueraient pour le pouvoir. L'ennemi qui tuerait trop tôt n'était pas parmi eux. Ce qu'ils savaient faire à cette époque, c'était gratter et non tuer. À cette époque, le brave camarade qui saisirait le fusil pour la vengeance n'était pas l'un d'entre eux. La plage n'était pas déserte puisque j'étais là. Une famille de crabes venait juste de passer là devant moi. En fuite. C'est mauvais signe, toute une famille de crabes qui quitte le lieu qui l'a vue naître ! Moi, j'étais là sans savoir où aller. Il n'y a pas meilleur endroit que la plage qui m'a vu naître. Moi, je suis né ici, alors, je mourrai ici ou mieux…je mûrirai ici. Un jour, ici, je me lèverai sur mes deux pieds moi aussi. Je marcherai. Les quatre intellectuels s'étaient levés au nom de la patrie. La scène qui se passa du temps de l'abbé pendant ces trois journées glorieuses - *toi qui en trois journées glorieuses…*- se répétait. Il y eut quatre héros en 1963. Il y en avait quatre cinq ans après : quatre intellos. Quelle patrie courageuse ! En voilà une nation bien souveraine ! Là où l'homme de Dieu n'a pas résisté, crois-moi, parole d'enfant : ce n'est pas un disciple de Jésus qui s'y opposerait. Le plan des quatre amigos était simple. Je le compris tout de suite. C'était un plan à long terme. Un plan dont les vrais auteurs se tenaient encore bien cachés. Pendant que les quatre intellos faisaient la première partie du spectacle, les vrais acteurs se maquillaient tranquillement dans leurs loges. J'étais sur la plage, j'étais sidéré, je remuais la tête. Ce qui allait se passer dans le pays allait durer longtemps. Plusieurs générations allaient être sacrifiées ! « *Si trop tôt me tue l'ennemi...* » Guerres, pillages, viols, assassinat suivraient aussitôt. Quatre martyrs ont été les héros de 1963. Quatre intellectuels ont été les requins de 1968. Un traité fut signé. Chaque requin devait quitter le filet et être à la tête pendant une période de cinq ans. En tant de démocratie, cela se serait passé ainsi mais personne n'était démocrate. Et puis, il y en avait un plus puissant derrière ces quatre amigos. J'attendais sur la plage. Les sardines ne croyaient pas en celui qui était derrière ces quatre intellos. Les coquillages se cachaient derrière elles-mêmes, elles ne voulaient pas le voir. Les crabes faisaient confiance au sable qui le soutiendrait encore demain, quant à l'homme, mon dieu, demain, il verrait bien qui l'emporterait... à chaque jour suffit sa peine, il en a assez pour aujourd'hui. Eh bien, Dieu pourvoira mais encore il faut bien qu'il voie demain venir, Dieu, sinon sous l'ordre de quel requin serait-il, le pauvre homme ? Oh ! Bon Dieu, que dis-je, pauvre diable, que deviendraient les sardines, les coquillages, le crabe, la crevette ? Je ne pouvais le dire... Et l'escargot qui ne pouvait courir... Et quelle serait la place de l'enfant ? Quel sort lui réservait-on ? Je n'étais qu'un enfant seul à quatre pattes sur une plage à présent déserte, comment prédire l'avenir ? Quel méchant homme l'attendait au bout de la rue ? Je ne pouvais le dire...Que de questions sans réponse, je n'étais qu'un enfant, ni prophète, ni éducateur, ni politicien, rien de tout cela. Après la religion et l'école, qu'est-ce qui arrivait ? La politique. Les quatre amigos ne disaient encore rien mais plus je les observais, plus je reniflais ce qu'ils ruminaient. Ils voulaient le pouvoir eux aussi. Et leur chef aussi. Mais qui diable ou qui dieu était-il ? Dieu ou diable, il allait régner trois à huit ans peut-être, puis viendrait le tour des autres, les quatre amigos, bien sûr, chacun à son tour sur la chaise du coiffeur. J'étais sur la plage et je réfléchissais. Mais si ce soi-disant diable ou ce soit-disant dieu choisissait un parti unique, et refusait de céder la chaise à l'un de ceux qui avait réussi à gratter l'enseignant jusqu'à la moelle épinière, alors, on le gratterait lui aussi, ce beau diable ou on le tuerait, ce bon dieu et, à ce moment-là, on rentrerait dans le jeu de « *si trop tôt me tue l'ennemi, brave camarade saisis mon fusil* » et la partie de la chasse à l'enfant et à la femme s'ouvrirait dans les savanes, les forêts, les villes, les campagnes et les montagnes. Et où l'enfant fuirait-il ? Chacun des quatre amigos aurait son parti, sa tribu, son peuple, sa jeunesse et chaque tribu, chaque parti, chaque peuple, chaque jeunesse serait l'ennemi de l'autre. Mais où diable fuirait-il, l'enfant ? Et comme le jeu de la démocratie n'est ni dans la tête des intellectuels ni dans la tête des politiciens, encore moins dans la tête des religieux, alors, on enfanterait un dictateur qui serait plus fort que les quatre amigos et les opposants d'autres partis et… « *si la balle touche mon cœur, toutes nos sœurs* ou plutôt tous nos cœurs *se lèveront sans peur et nos monts nos flots en fureur repousseront l'envahisseur…*» qui ne serait autre que le voisin, le frère, l'ami de la porte d'à côté et comme l'avait dit ce sage Papa, eh bien : « *mucher mucher na wu serra wayandji* » alors, ils se serreraient plus fort et ne se lâcheraient plus jamais, ils s'égorgeraient et…et ô pauvre diable… bon dieu Ô Ciel… que fera-t-on de l'enfant… que fera-t-on de moi ? J'étais sur la plage, je réfléchissais cette fois-ci, *pas pourienutile mais pourbienutile :* la famille des crabes avait eu raison de prendre ses cliques et ses claques, car la tempête allait durer longtemps. Un nouveau parti unique venait de naître : celui du capitaine. Tout le monde à bord. Assis à quatre pattes sur la plage, au bord de l'eau claire encore bleue et verte, je vis tout le monde s'embarquer dans un bateau qui allait l'amener à vivre le pire cauchemar de sa vie.

✳ ✳ ✳

Soulève ta charge jusqu'au genou, on t'aidera à la mettre sur la tête.

— Proverbe douala

Mes respects au Général des armées

« Aujourd'hui, l'heure est à l'apaisement général dans le pays. L'on doit comprendre que chacun doit mettre son énergie en œuvre pour l'avenir du pays. L'important, c'est l'intérêt général et non l'intérêt particulier. »
— *Général Joachim Yhombi Opango (IVème président de la République du Congo de 1977 à 1979)*

L e général ne s'était pas fait général tout seul. Il s'était d'abord fait Inspecteur général des forces armées. Mais pas tout seul. Auparavant, il s'était fait colonel. Mais pas tout seul. Bien avant, il s'était fait chef d'État-Major général avec le grade de commandant. Mais pas tout seul car, bien avant ça, il s'était fait commandant du bataillon des para- commandos…Mais pas tout seul. Non…mais non ! On ne se hisse pas au sommet tout seul. Disons que, depuis son enfance jusqu'à l'âge de la raison, il a bénéficié de l'amitié d'un bon compagnon d'études. Une bonne relation qu'il a bien préservée. C'est bon d'avoir de bonnes relations, on a toujours besoin d'un coup de pouce et un bon coup de pouce vient toujours d'une relation bien entretenue et lui, le général a eu une bonne relation : le capitaine, qui était aussi son cousin… Le monde est petit, vois-tu, et c'est le capitaine qui, ce jour-là, a fait de lui le premier général. J'étais sur la plage, je me suis dit : tout ça va mal se terminer. Un capitaine et un général vont-ils arriver à bien s'entendre ? Surtout qu'ils sortaient tous deux d'un même poulailler, vont-ils chanter au même moment ? Eh bien, j'ai prolongé mes jours sur la plage pour écouter cette chanson-là.

Le général était venu juste pour préparer le terrain. Il était venu nettoyer et éclairer. C'est ce que j'ai compris. Assis sur la plage, je n'avais rien que ma sagesse. Je n'avais aucune étude. Et ma sagesse m'a dit qu'il était venu fortifier. Il était celui qui criait dans le désert. Il n'était qu'un griot envoyé au village pour annoncer l'arrivée du roi. Savait-il ce qu'il faisait ou était-il une marionnette qu'un grand artiste manipulait derrière les rideaux d'un théâtre plein à craquer, et où personne ne comprenait rien à tout ce qui se jouait sur scène ?

J'étais sur la plage.

Il ne criait pas comme Saint André *Blasphème ! Blasphème !* Ou comme Jean- Baptiste « *Repentez-vous, préparez le chemin du Seigneur ! Celui qui arrive est plus grand que moi, je ne suis pas digne d'attacher Ses chaussures !* » Non, on n'entendait personne s'égosiller de la sorte sur la plage, on ne vit personne d'autre vêtu de haillons avec une bible dans la tête. Sur la plage, à part moi, tout nu à quatre pattes, mangeur de boue que je n'avais plus parce qu'elle commençait à être polluée, personne d'autre ne mangeait n'importe quoi sur la plage. Je n'avais aucune bible dans ma tête mais je savais que les deux autres années de misère prédites jadis allaient entrer dans leur phase d'exploitation et d'extermination. Celui qui venait préparer le chemin de celui qui arrivait après lui ne s'égosillait ni ne criait. Il ne marchait pas pieds nus, il ne faisait pas pitié, celui-là qui venait avant celui qui devait arriver après lui, non, non il faisait miroir : on l'admirait comme on admirerait un miroir, on avait juste envie de se placer devant lui et de s'y mirer. Il incarnait le bonheur, il avait passé plusieurs années à se la couler douce, il ne revenait pas d'une longue marche dans le désert, il était bien gros, bien joufflu et bien dodu, il avait été instruit politiquement, formé militairement, initié comme Jean-Baptiste dans le secret ; il avait appris à nettoyer et à balayer, à mettre de l'ordre ; il avait été choisi, pour précéder celui qui devait arriver, quel honneur ! Il ne venait pas faire la première partie d'un spectacle, il ne venait pas annoncer la deuxième venue du Messie, non, celui-là, il savait qu'il était déjà revenu, le Messie. Oui, il est là, parmi nous, même si nombre d'entre eux attendent encore de le voir sortir des nuages. Non, lui, il ne venait pas annoncer l'arrivée d'un Messie imaginaire ou miraculeux : révolu, le temps des miracles ! Lui, il venait balayer, nettoyer, arracher la mauvaise herbe, jeter la graine d'arachide pourrie. Il venait mettre en place la sécurité de celui qui arrivait s'asseoir sur le trône de celui que *l'ennemi trop tôt* venait d'assassiner : le trône du capitaine communiste. C'était ça, sa mission.

Il était fort, il était grand, il avait le verbe. Jamais homme de pouvoir n'avait été aussi viril, aussi puissant, aussi criard, aussi sérieux, aussi propre, aussi exigeant et surtout aussi militaire. En avant marche ! Et tout le monde se mettait au pas et en marche, sinon on avait affaire au Comité Militaire du Parti dont lui était le numéro un. Pourtant, personne ne l'attendait, lui, sorti de nulle part, il était tombé comme ça, lui, comme un cheveu dans la soupe... à qui ce cheveu ?

Ce jour-là, le capitaine attendait la bénédiction, il reçut la malédiction. Le général lui-même eut une petite malédiction, quoique lui et celui qui venait après lui sussent ce qu'ils faisaient, certes, mais à malin, malin et demi ! L'un d'eux fomentait un mauvais coup.

J'étais sur la plage tout nu et, quand je les regardais droit dans les yeux, je voyais quelque chose de pas honnête, il y avait anguille sous roche. Une fois de plus, cette politique de sélaciens et de vauriens nous conduisait dans une voie sans issue. Je voyais dans les prunelles des yeux de l'un d'eux la ruse du renard, un fieffé menteur ! Quel fouinard ! Un coup monté diabolique et lui, le général s'était laissé prendre. Disons qu'il ne s'était pas laissé avoir car c'est ce qu'il voulait, lui aussi : le pouvoir, c'est ça qui lui importait ; commander, régner, être à la tête, rien que pour deux ans, inscrire son nom dans le cahier de l'histoire du pays, prouver aux gens de sa tribu qu'il était aussi *quelque chose*, qu'il n'y avait pas que le capitaine qui pouvait s'élever si haut : lui aussi le pouvait par tous les moyens et il n'avait pas l'intention de s'éterniser au pouvoir, juste deux ans et c'est ce qu'il demanda tout de suite après l'assassinat du capitaine à celui qui allait lui succéder. Il lui dit : « *Tu pourras m'humilier quand tu voudras, donne-moi juste assez de temps pour m'acheter un lit, le lit dont j'ai besoin doit venir de très loin. Ah ! comme j'ai toujours rêvé d'avoir un bon lit ! Sais-tu que j'ai toujours dormi à même le sol pendant toute mon enfance et toute ma jeunesse ? Alors je m'étais juré un jour de m'offrir le meilleur lit du monde, le lit le plus cher, le même que j'ai vu dans James Bond...oui, je sais qu'on a œuvré pour que tu sois à la tête mais, crois-moi, je ne vais pas pour y rester, juste deux ans...et puis, ne sois pas aussi idiot ! Si tu montes sur le trône maintenant, tous vont te regarder avec des yeux de suspicion, ils vont te pointer du doigt ; ce n'est pas ce que tu veux... Tout peut retomber sur moi, cela ne me dit rien... L'important est que je puisse m'offrir un lit, le reste ça m'est égal. Ah ! Comme j'aimerai bien avoir le lit de mes rêves...Donne-moi juste deux ans et puis, cela nous aiderait à élaborer un beau plan qui te permettrait de monter sur le trône et, ensemble avec les quatre amigos, nous pourrions facilement gérer la situation...Moi, je veux juste le lit, tu me connais, pas le pouvoir. Mon trône, c'est le lit.* »

145

Il eut son lit. Deux ans de règne et plusieurs humiliations puis quelques honneurs un 23 juin de quelle année, je ne sais plus : il fut nommé Premier ministre. Pas par celui qui venait après lui mais par un des quatre amigos qui avait été le seul à obtenir cinq ans de pouvoir auprès de celui qui avait offert un lit au général. J'étais sur la plage et, comme le singe Popol[4] qui, lui, avait un problème avec sa diction, je remuai la tête et je dis :

- Ah ces politichiens !

* * *

Quand les toiles d'araignée s'unissent, elles peuvent attacher un lion.
Citation nigériane

---

[4] Lire : *Il était une fois...ce jour-là*, du même auteur.

Mon professeur des Sciences

« Tout en admettant généreusement que la contradiction principale est celle qui oppose notre peuple à l'impérialisme, je soutiens toujours que le tribalisme est, et malheureusement, demeure à l'intérieur un fléau, frein puissant à la prise de conscience nationale et au développement tout court. »
— *Professeur Pascal Lissouba (VIème président de la République du Congo du 31 août 1992 au 15 octobre 1997)*
Si l'homme doit mourir en brousse, qu'il meure en luttant contre un lion.
—*Titinga Frédéric Pacere, avocat et écrivain Burkinabé.*

J'étais sur la plage quand l'un des quatre amigos se réveilla ce matin-là pendant que les trois autres dormaient encore. Ils avaient tous peur de l'homme de pouvoir, alors, ils se cachaient tous derrière leur sommeil. L'éveillé avait attendu trop longtemps et il en avait marre de cette attente interminable. Pour lui, il était temps que l'homme de pouvoir puisse respecter l'accord signé, alors sa peur s'était dissipée à force d'attendre. Il essaya d'affronter l'homme de pouvoir tout seul. Ils s'engueulèrent, ils se tinrent au collet et s'envoyèrent des soufflets, rien n'y fit : l'homme de pouvoir s'enracina sur le trône. L'éveillé en avait vraiment marre. Il refusa les postes ministériels que l'homme de pouvoir lui proposa par la suite. Il refusa même de représenter son pays à l'étranger. Cette astuce qu'avait l'homme de pouvoir d'écarter ou d'assurer une vie dorée à tous ceux qui s'approchaient du trône ne marchait plus. Les miettes, il n'en voulait plus. Il voulait le trône. Il n'acceptait plus les petites choses. Il voulait les grandes. Il agissait comme *mama tété*, cette Maman courageuse que j'ai rencontrée sur la plage et qui attendait toujours les plus belles et les plus grandes choses de la part de ses enfants : « *je les ai élevés avec tout ce que j'avais, disait-elle : un rien de patate, un rien de maïs, un rien de manioc et c'est tout ce que j'avais et je leur ai donné ce tout, alors, j'attends d'eux de grandes choses, pas des moindres !* »

Puis, un jour, ses enfants lui offrirent un billet d'avion pour la France où elle y découvrit une grande ville : Paris et une belle chose, la Tour Eiffel. Quand elle retourna sur la plage, elle avoua joyeusement qu'elle avait enfin vu les grandes et les belles choses mais lui, l'éveillé, ne voulut pas être ambassadeur à Paris. Quand il apprit cette histoire de *mama tété* qui éleva ses enfants avec moins que rien, un grain de blé, un grain de riz, un grain de maïs, il s'enferma dans son laboratoire pendant quelques jours et en sortit avec une idée géniale. Il s'inspira de l'histoire de cette femme laborieuse. Il souleva le sol congolais et il dit : « *Avec ce sol, je ferai de mon pays une petite Suisse !* » Il toucha la feuille d'un arbre, il dit : «*Mon pays a toutes les richesses de la nature et je donnerai à chaque enfant la part qui lui revient !*» Alors, il alla de région en région, de ville en ville, de village en village, de tribu en tribu, de famille en famille, d'un individu à un autre. Il dit : «*Acceptez-moi comme agriculteur et vous n'aurez plus à peiner pour le riz de vos enfants ; je pourrai leur offrir en plus du riz, du chocolat suisse ; notre pays regorge de ressources et je vous offrirai tout cela gratuitement sur un plateau en or.*» Il alla sur la plage et tint son discours en ces termes : «*Regardez ces coquilles, ces grains de sable brillants : c'est de l'argent, ce sont des pièces de monnaie, des pépites d'or et je vous montrerai comment les extraire.*» J'étais sur la plage, je l'observais: il était tout petit et très mince, caché derrière ses lunettes qui semblaient plus grandes que lui et il avait la grande gueule, des lèvres lippues, une sorte d'insolence qui ne s'affichait pas aussitôt qu'on le voyait. Il fallait attendre un moment quand il ouvrait la bouche pour la découvrir. Il parlait bien français, lingala, kituba, et son dialecte, il avait le verbe lui aussi, il était éloquent et il regardait le peuple avec des yeux d'innocence. Il n'y avait rien dans ses discours, il ne faisait que des promesses et des promesses et encore des promesses et les gens applaudissaient... Mais bien sûr qu'ils applaudissaient : ils avaient faim, ils avaient soif, ils vivaient dans l'obscurité, ils avaient besoin d'un changement, d'un petit mieux que rien et moi, assis sur la plage à quatre pattes, je regardais le crabe, je secouais la tête et je murmurais «*Ô seigneur, ô seigneur !*» Le crabe me confia : «*Il fait trop de promesses qu'il...*» Et je lui coupai la parole... «*qu'il ne tiendra pas ? - Non pas qu'il ne tiendra pas,* reprit-il, *mais il ne se rappellera rien quand il sera au pouvoir, alors il tournera en rond puis il se servira lui-même au lieu de nous servir ; maintenant, il se sert de nous pour pouvoir se servir lui-même. En voilà un autre mendiant ! Pauvre pays ! Il ne produit que des mendiants...*» - « *Va le leur dire,* que je lui dis, *va le dire à tous ces gens qui l'écoutent...* » - «*Tu parles ! Ils ne comprendront pas*», dit-il - «*Mais comment tu le sais ?*» demandai-je. «*Je le sais,* répondit-il catégoriquement, *je le sais,* insista-t-il, *ventre affamé n'a point d'oreilles !*» Puis, il regarda le peuple et murmura : «*Ô pauvre innocence !*»

J'étais sur la plage. Tiens ! Il a failli m'avoir moi aussi avec son discours sur le chocolat ! J'ai failli vendre mon âme et conscience pour un petit carré de sucrerie…Un rien, nous pousse à faire de grandes choses, de bonnes choses mais aussi de petites et de mauvaises choses. Oui, un rien nous pousse parfois à prendre de mauvaises décisions. Pendant que les trois amigos dormaient, le quatrième, l'éveillé, forma son parti avec le peuple affamé et se fit opposant au pouvoir. L'homme du pouvoir vit que son opposant avait réussit à attirer le peuple vers lui il dit :

- Je te laisse le trône pendant cinq ans, c'est ce qui a été conclu, n'est ce pas ? Alors, ne cherche pas à monter le peuple contre moi. Je reviens dans cinq ans et si tu résistes, je le prendrais par la force mais rassure-toi : je ne veux pas en arriver là, mon peuple a assez souffert comme ça, je ne veux pas d'un bain de sang, alors, ne m'y pousse pas parce que je vous tiens tous là.

J'étais sur la plage. L'homme du pouvoir montra le creux de sa main droite à l'opposant au pouvoir, il ferma le poing, eut un sourire sarcastique et effectua la traversée du désert pendant une période de cinq ans. L'opposant au pouvoir s'installa sur le trône et devint à son tour l'homme du pouvoir. Il ne tint aucune promesse. Il se servit. Il eut cinq ans de réjouissances. J'attendis le chocolat sur la plage. Les mères continuèrent à élever leurs enfants avec un rien de grain, un rien de ceci et un rien de cela, un rien de tout et un rien de rien, afin que ces derniers obtiennent à leur tour un rien de grandeur qui leur permettrait d'offrir à leurs parents un rien de confort. Après les cinq ans, l'éveillé voulut garder le trône : il fut chassé, il s'enfuit. Le crabe me regarda et dit :

- Un opposant qui s'enfuit devant l'ennemi en abandonnant son peuple ne peut jamais le protéger ; il ne protège que son propre intérêt. Un opposant doit mourir pour son peuple, il doit être au front de la bataille. Un opposant est un sauveur qui accepte d'aller à la crucifixion pour sauver son peuple. Nos opposants ne sont jamais des héros. Ils vont tous pleurnicher ailleurs tout en incitant la jeunesse à prendre les armes.

Alors, je revis l'écolier qui reçut une balle dans le dos je dis :
- Lui, c'était un héros
Alors, je revis cet enfant qui échoua seul sur la plage et je dis :
Lui, c'est un héros
Et je revis cet enfant en haillons couvert de poussière qui échappa aux bombes et je dis :
Lui, c'est un héros
Je vis tous ces enfants qui longent encore nos plages polluées, nos rues dangereuses, nos villes de guerre, nos villages devenus des camps de rebelles, je revis tous ces enfants, victimes de l'injustice humaine. Je me dis :
Eux, ce sont des héros.
Et je vis ces mamans, ces sœurs traquées, violées et en fuite et je dis : Quelle héroïsme !
Alors, je me traîne à quatre pattes, je vais chercher un peu de boue car j'ai faim, j'en trouve une petite quantité : elle n'est pas bonne mais je la mange quand même, elle calme ma douleur, je n'ai plus faim, je survis et je dis :
Moi, je suis un héros.
Un rien, me fait vivre. Tout ce qui ne me tue pas m'engraisse. Je n'ai besoin que d'un rien…Qu'est ce qui nous reste sinon un rien de bonté, un rien d'amour, un rien de solidarité, pour apporter à tous un rien d'un rien, un rien de joie, un rien de santé, un rien de paix…un rien de gaieté…un rien de sourire…rien qu'un petit rien pour un rien de…de rire et de…
TOUT !

LECTURE VI

Élevons-nous au-dessus de nos divisions afin que dans l'unité et le travail, nous conduisions notre cher beau pays vers les hautes cimes du progrès et de la grandeur.

Président Denis Sassou N'Guesso

(Vème président de la République du Congo de 1979 à 1992, et VIIème président de la République depuis 1997, jusqu'aujourd'hui 18-08-2018, date à laquelle je termine ce *RIEN* de livre. Il le sera encore demain…

Mais demain, c'est une autre histoire que je commencerai à écrire avec Kofi Annan, qui nous quitte ce jour et qui aura pour titre :

La paix est un rêve suspendu[5]

Pour introduction :

La tolérance est une vertu qui rend la paix possible[6]

Pour développement :

La liberté ne connait pas de frontières, il suffit qu'une voix s'élève et appelle à la liberté dans un pays, pour redonner courage à ceux qui sont à l'autre bout du monde.[7]

---

[5] Kofi Annan

[6] Kofi Annan

[7] Kofi Annan

Pour conclusion :
Sans progrès, il n'y a pas de paix possible. Sans paix, il n'y a pas de progrès possible.[8]

Et enfin la morale de ce livre serait ce proverbe africain qui dit :
Si tu veux aller vite, marche seul...
Mais si tu veux aller loin, marchons ENSEMBLE !

---

[8] Kofi Annan, né en 1938 et mort le 18-08-2018